for Simple Life

인기 미니멀리스트 33인의 수납 아이디어

미니멀라이프 수납법

Contents

01 CHAPTER

우리 집 수납 10 style

P10 01 / 10
오사요 씨
무엇이 어디에 있는지 아는 생활은
순조롭고 편안하게 흘러갑니다

P16 02 / 10
나카야마 아이코 씨
많이 갖지 않고, 물건의 자리를 정하고
알아보기 쉽고 정리하기 쉽게 수납합니다

P22 03 / 10
nika. home 씨
쓰기 편한 수납은 집안일을 줄이고
가족과의 시간을 늘려줍니다

P28 04 / 10
ichigo 씨
남편과 키 차이를 고려해서 쓰기 편한 높이
70% 수납을 목표로 합니다

P34 05 / 10
yumi 씨
시골 생활을 하는 우리 집에
어울리는 수납을 생각합니다

P40 06 / 10

m'm 씨
같은 색과 모양으로 깔끔하게
어디라도 다른 사람에게 보여줄 수 있게 수납

P44 07 / 10

SAYA 씨
버리는데도 에너지가 필요하므로
마지막까지 철저하게 사용합니다

P48 08 / 10

Na 씨
아름다운 수납은 가족 모두가 함께 해야 가능
던져넣기, 뚜껑없는 수납으로 간단 정리

P54 09 / 10

사치 씨
내 맘대로 수납은 NG.
가족이 모두 행복해지는 수납이 Good

P60 10 / 10

ayako 씨
생활과 가족의 변화에 맞춰
유연성 있는 수납

Contents

02 CHAPTER

공간별 수납 아이디어

Kitchen 주방

- P66 장식 수납
- P68 식기장
- P70 조리 도구 & 커트러리
- P72 냄비 & 프라이팬
- P74 냉장고(상단)
- P76 냉장고(하단)
- P77 상부장
- P78 서랍 수납(하단)
- P79 싱크대 밑
- P80 식품 재고 & 조미료
- P81 작은 물건은 모아서 수납
- P82 청소 도구
- P84 행주 & 쓰레기봉투

Closet 옷장 P89

Sanitary 물 쓰는 곳

- P96 세면대 캐비닛
- P98 세면대 아래
- P100 세면대
- P101 세면장 선반
- P102 세탁용품
- P103 세탁기 위의 공간
- P104 청소 도구
- P105 욕실

Entrance 현관

- P107 잡화
- P108 신발장
- P110 우산
- P111 여러 가지 수납

Other Space 그 외

- P112 서류
- P114 화장품
- P115 액세서리
- P116 리모컨 종류
- P117 반려동물 용품
- P118 아이디어 수납

Kid's Item 아이

- P119 옷
- P120 장난감
- P122 거실 장난감
- P123 학용품
- P124 아기용품 & 자잘한 물건

Cleanup 버리기

- P125 일시 수납 공간
- P126 재활용품

Contents

02 CHAPTER

- **P86** 버리는 법, 수납하는 법 Part01
- **P127** 버리는 법, 수납하는 법 Part02
- **P106** COLUMN 심플라이프에 꼭 필요한 수납 BOX

03 CHAPTER

정리 수납 Before → After

- **P130** 주방의 정리 수납 사례
  조미료 / 싱크대 주변 / 식기장
  상부장 / 가스레인지 아래 / 싱크대 위

- **P136** 공간별 정리 수납 사례
  주방 / 거실 / 아이 방 / 옷장

CHAPTER

01

우리 집 수납
10 style

Master of Storage

01 / 10

오사요 씨

가족 : 남편, 아들(7세), 딸(4세). 사는 곳 : 단독주택

【Instagram】 osayosan34 http://www.instagram.com/osayosan34/

무엇이 어디에 있는지 아는 생활은
순조롭고 편안하게 흘러갑니다

예전에는 물건이 있었는지도 잊어버릴 만큼 '무작정 집어넣는 수납'을 했어요.
이제는 청소하기 쉽게 수납 스타일을 바꾸고 물건이 쌓이지 않도록 노력하고 있어요.
덕분에 매일매일 상쾌한 기분으로 살고 있습니다.
가족마다 성격은 다 제각각. 정리 스타일이나 수납에 대한 불만 등을
잘 기억했다가 거기에 맞게 바꿔나가면 좋아요.

▶ 버리는 법
물건을 처분할 때는 취향이 비슷한 친구들에게 주거나, 중고 거래사이트에 올립니다.
평소 아이에게 "물건을 소중하게 다루렴."하고 가르치고 있어 안 쓰는 물건을 처분할 때도 소중하게 다루는 모습을 보여주고 싶습니다.

▶ 수납하는 법
꺼내기 힘든 곳은 깔끔하게 비워 두거나 사용 빈도가 낮은 물건을 수납합니다. 라벨을 붙이고 무엇이 어디에 있는지 가족 모두가 알 수 있도록 수납을 하면 일상이 순조롭고 편안하게 흘러갑니다.

| 재검토 상자 | 물건이 늘지 않도록 재검토 상자 두기 |

수납공간과 사용 빈도 때문에 고민되는 물건은 우선 재검토 상자에 넣고 그 물건이 없는 상태로 지내봅니다. 그런 다음, 필요한 물건이라고 생각되면 다시 꺼내 놓고 필요 없다고 판단되면 처분합니다. 이런 재검토 상자가 주방과 옷장, 그리고 아이 방에 있습니다. 장난감류는 아이들이 동의하면 처분합니다.

Box

Papers

학교 안내장

보관기간에 따라
3군데로 나눠서 관리

학교나 유치원에서 정말 많은 안내장을 받아옵니다. 받은 안내장을 보관기간에 따라 3군데로 나눠서 수납합니다. 1주일 내로 필요한 프린트는 평소에 눈에 잘 띄도록 거실 수납 문 뒤쪽에. 기간이 좀 더 긴 것은 일시보관용 트레이에. 그리고 연락망처럼 장기보관해야 하는 것은 인덱스를 붙인 후, 바인더에 끼워서 보관합니다. 건강검진이나 보험 관련, 치과검진 등의 서류도 함께 보관합니다.

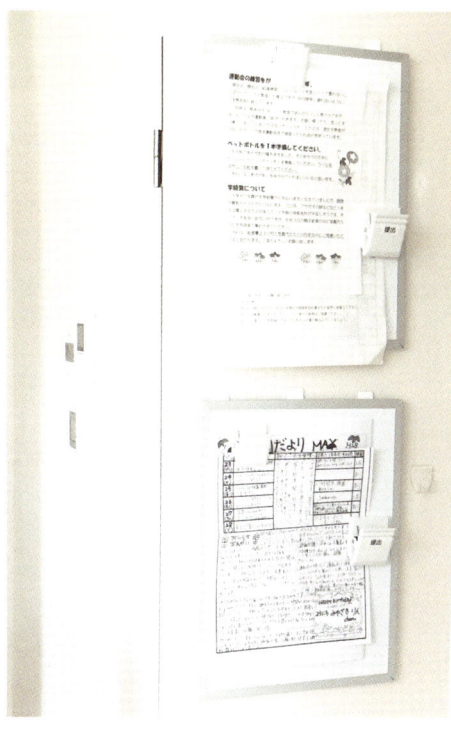

이번 주에 처리해야 할 안내장은 다이소의 자석보드에 끼워서 문 뒤쪽에 붙여둡니다. 처리가 끝나면 주말에는 정리합니다.

❶ '일시보관용 트레이'에는 6개월에 한번 학교에 가져가야 하는 것, 다음 달 행사안내 등의 프린트를 넣어둡니다.
❷ 연락망이나 유치원에 제출할 투약의뢰서, 치료증명서 등 '1년간 보관해둘 서류'는 파일에 끼워 보관합니다.

주방

한눈에 파악되는
정리법으로 낭비 없게

저장 식재료와 냉장고 속의 식재료는 버리는 것 없이 모두 사용할 수 있도록, 한눈에 알 수 있도록 신경 써서 수납합니다.
예를 들면 건조식품류. 니토리(NITORI) 박스보다 큰 비닐포장은 그대로 세워서 넣고, 개봉한 것은 지퍼 백에 담아 슬라이드 바 사이에 끼워 라벨을 붙입니다. 이렇게 하면 '없는 줄 알고 샀더니 밑바닥에 개봉된 작은 봉지가 깔려 있었다.' 같은 황당한 중복쇼핑의 위험을 막을 수 있습니다.
설탕이나 가루류 등은 용기에 옮겨 담을 때 남는 것 없이 전부 넣을 수 있는 사이즈로 고릅니다.

❶ 평소에는 쓰지 않는 특별한 것, 유통기한이 짧은 것 등은 서랍 테두리 위쪽에 마스킹 테이프를 붙이고 메모를 해둡니다.
❷ 고기나 채소 등을 대량 구매했으면 밑반찬을 만들어두거나 조리 직전 상태까지 준비하여 냉동 보관합니다.
❸ 가루류는 남는 것 없이 한 봉지가 전부 들어가는 용량에 옮겨 담습니다. 보존용기인 플래시록(FRESHLOK) 사각형스타일 1.4L에는 800g 밀가루가 전부 들어갑니다.

Kitchen

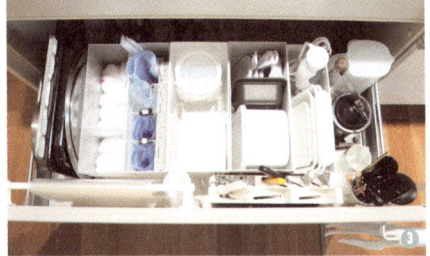

❶ 냉장고 상단에는 Seria의 된장포트 4개가 딱 들어갑니다. 가볍고 손잡이가 있으며 플라스틱 소재라서 상단에 있어도 꺼내기 쉽습니다. ❷ 레인지 옆에 두었던 조미료를 청소가 편한 서랍 속에 정리. ❸싱크대 아래 서랍에는 무인양품, 다이소의 용기 외에 우유팩을 이용해서 분류. 더러워지면 버릴 수 있어서 편리합니다.

| 거실 |

의외의 공간을 유용하게 사용

거실에는 어울리지 않는 것이 매달려있는데 정리 전 세탁물입니다. 전에는 걷은 세탁물을 소파에 잠깐 놓았다가 개곤 했습니다. 하지만 조금만 뒤로 미루면 금세 주름이 생겨 버리더라고요. 그래서 계단 밑에 100엔샵에서 산 압축봉을 설치해서 그곳에 걸어둡니다. 그 상태대로 있으면 계속 눈에 거슬려서 자연스럽게 정리를 하게 된답니다. 아이의 옷은 제가 개지 않고 IKEA의 박스에 넣어서 그대로 건네면 아이가 스스로 정리합니다.

Living Room

❶ 세탁물은 세탁기 옆에서 말린 다음, 밖으로 이동. 옷을 갠 후의 옷걸이류는 수납하지 않고 다시 이곳에 걸어둡니다. ❷ 소파 밑에는 도서관에서 빌린 책, 기저귀류, 아이들의 공부 세트와 공작 세트 등 거실에서 자주 쓰는 것을 수납. 바구니 밑에 펠트천을 붙여놓았기 때문에 아이들도 쉽게 옮길 수 있습니다.

Kid's Space

아이 방

장난감은
장난감 방에

"놀고 나면 장난감도 자기 방에 데려다 주자."가 우리 집의 구호. 하지만 처음에는 지키기 어려웠답니다. 사실 어른에게도 쉬운 일은 아니니까요. 처음에는 정리할 물건과 정리된 상태를 각각의 상자에 붙여두고 틀린 그림 찾기를 하는 느낌으로 함께 정리를 시작했어요. 얼마 지나지 않아 아들은 퍼즐놀이를 하듯 '그 물건의 방'을 기억해갔습니다. 칼라박스와 100엔샵 아이템으로 만든 저렴한 장난감 수납장에 요괴워치 장난감들도 모아서 수납합니다.

① 칼라박스 위에 둔 그림책꽂이는 100엔샵 중 하나인 세리아(Seria)에서 구입한 원목접시꽂이를 접착제로 고정시킨 것. 그림책이 쓰러지지 않아 아이도 꽂거나 빼기 쉽습니다. ② 칼라박스를 토대로 직접 만든 소꿉놀이용 키친. ③ 자잘한 물건은 무인양품 수납캐리박스에. 손잡이가 있고 칸막이 조절도 가능하므로 정리정돈하기 쉽습니다. 박스 정면에 정리가 완료된 모습을 붙여두었습니다.

Master of Storage

02 / 10

나카야마 아이코 씨

가족 : 아들(12세), 딸(2세) 사는 곳 : 월세아파트

【블로그】 생활의 메모 http://seikatsunomemo.com

많이 갖지 않고, 물건의 자리를 정하고 알아보기 쉽고 정리하기 쉽게 수납합니다

제가 꿈꾸는 수납은 '아름다움'. 필요없는 물건은 갖지 않고 여백이 있는 수납을 목표로 하고 있습니다. 우리 집 텔레비전은 작은 포터블뿐입니다. 가족 모두가 편하고 아늑하게 쉴 수 있는 공간이 되도록 마음을 씁니다.

▶ **버리는 법**

아직 사용할 수 있는 물건은 쓸 사람을 찾아서 선물하거나 판매합니다. 중고매입 서비스를 이용할 때도 있습니다. 추억의 물건은 처분하기 전에 사진을 찍어 남깁니다. 각별한 마음이 드는 소중한 물건은 가능한 수리하거나 리폼해서 다시 사용합니다.

▶ **수납하는 법**

물건이 많을수록 정리가 힘들어집니다. 세상에는 있으면 편리한 물건이 정말 많지만 다른 것으로 대용할 수 있는 물건은 가능한 사지 않습니다. 또 손질이 힘들거나 넣고 빼는 게 귀찮으면 결국 안 쓰게 되므로 나에게 맞는 물건을 까다롭게 고릅니다.

파지 상자

불필요한 것은 집 안에 들여놓지 않기!

집 안으로 들고 들어가면 쓰레기가 되어 바로 버리게 되는 물건은 현관에서 처분. 우편함에 들어있던 전단지나 학교에서 받아 온 안내장, 포장지 같은 것이 그것입니다. 신발장 안에 파지 상자를 두고 집에 돌아오면 신발을 벗기 전에 우선 전단지를 처분. 이런 습관이 중요해요.

Box

> 주방

언제든 친구를 부를 수 있는 공간으로 유지

결코 넓다고 말할 수 없는 우리 집 주방. 좁고 한정된 공간이므로 정말 필요한 물건만을 엄선해서 놓고 청소하기 쉽도록 노력합니다. 얼마 전에도 어른과 아이를 합해 스무 명을 초대했어요. 의자는 모자랐지만 다다미방에 좌탁을 놓아 둘러앉고, 손님용 컵과 접시가 없어도 종이접시와 종이컵으로 충분히 즐거웠습니다. 앞으로도 언제든 당황하지 않고 친구를 부를 수 있는 깔끔하고 청결한 집을 유지하고 싶습니다.

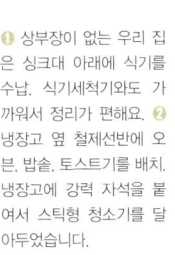

Kitchen

❶ 상부장이 없는 우리 집은 싱크대 아래에 식기를 수납. 식기세척기와도 가까워서 정리가 편해요. ❷ 냉장고 옆 철제선반에 오븐, 밥솥, 토스트기를 배치. 냉장고에 강력 자석을 붙여서 스틱형 청소기를 달아두었습니다.

Chapter_01 17

바구니

Basket

튼튼하고 편리한 바구니로 의류와 소품을 수납

다다미방은 큰 가구를 하나도 놓지 않고 아이들이 자유롭게 장난감을 늘어놓고 놀 수 있는 공간으로 꾸몄습니다. 이런 환경에서 편리하게 쓸 수 있는 것이 자연 소재 바구니. 스타일도 귀여운데다 튼튼해서 오래 쓸 수 있어요. 사용하기 편해서 집 안 곳곳에 놓아두었습니다. 안 쓸 때는 한데 포개서 벽장에 넣어서 보관합니다.

아들방 수납에도 바구니를 활용하지요. 거기에는 철 지난 의류, 학교에서 가끔 사용하는 물건, 장난감을 수납했어요. 아이들도 쉽게 들고 다닐 수 있어요.

❶ 자주 사용하는 기저귀와 아기용품은 한데 모아서 대나무 바구니에 담아 두었어요. 이대로 옮길 수 있어서 정말 편리해요. ❷ 둥근 볼가바구니(BOLGA BASKET)에는 딸의 장난감을 휙휙 던져 넣습니다. ❸ 걷은 세탁물도 잠시 바구니에. 베란다에서 방으로 이동하기 편해요. ❹ 한번 입었지만 당장 빨지 않는 옷 등도 바구니에 넣어 그대로 수납합니다.

Chapter_01

> **아이 방**

아이들과 의논하며
정기적으로 수납 변경

아무리 정리정돈을 강조해도 아이들에게 그냥 맡겨만 두면 깨끗하게 유지되기 어렵습니다.
그럴 때는 여러 번 아이들과 이야기를 나누면서 아이의 희망사항까지 반영해 조금씩 수납스타일을 바꿔나갑니다. 어질러지기 쉬운 사전과 연필깎이, 문제집 등 아이가 매일 책상에서 사용하는 물건을 상자에 모아두기로 했습니다. 다음날 등교 준비까지 마치면 반드시 상자를 책상 옆에 있는 수납장에 넣도록 합니다. 잠자리에 들 때는 책상 위에 아무것도 없는 상태가 기본.

Kid's Space

❶ 뚜껑을 닫을 수 있는 디스플레이 랙을 책가방과 의류 등, 아이의 수납함으로. ❷ 아침에 일어나서 잠들기까지 그날 하루에 필요한 옷을 한 상자에 전부 넣어서 수납. 이렇게 하면 넣고 꺼내기 편리합니다. ❸ 하단은 아이의 옷. 가볍고 심플한 오동나무 상자에 하루 분씩 모아서 넣어두었습니다. 평상복은 4일분 있으므로 수납공간도 4군데.

다다미방

메인인 붙박이 벽장에는 70%만 수납

아이의 놀이터이자 친구들이 모일 때 함께하는 장소이면서 밤에는 침실로 쓰는 다다미방. 큰 가구를 놓지 않고 수납해야 할 물건은 전부 붙박이 벽장 속에 넣습니다. 상단의 IKEA 검정 상자에는 사용 빈도가 낮은 물건을 수납. 왼쪽에는 압축봉을 이용해서 코트나 원피스 등을 수납합니다. 하단의 무인양품 서랍에는 가족들의 옷을 넣어두었어요. 시리즈로 통일하면 보기에도 깔끔해요. 하단 오른쪽 끝에는 그림책 수납. 벽장을 꽉 채우지 않으려고 노력 중입니다.

Japanese-style room

❶ 검정 상자에는 건전지와 비닐끈, 전선코드와 영수증 등 자질구레한 것을 넣습니다. ❷ 방수되는 포터블 텔레비전과 노트북, 휴대전화 충전기 등은 나무상자에 넣어둡니다. 이동이 편하도록 바퀴를 달고 소파 사이드 테이블로도 활용합니다.

현관

Entrance

현관은 집의 얼굴 언제나 깔끔하게

집의 인상은 현관에서 정해집니다. 방문하는 사람을 위해, 그리고 매일 집으로 돌아오는 사랑하는 가족과 자신을 위해서도 현관이 언제나 깔끔하고 깨끗한 기분 좋은 공간이 되도록 주의를 기울입니다.

신발장 위에는 마음에 쏙 드는 작은 서랍장을 놓고 도장, 열쇠, 손전등 등을 넣어두었습니다. 또 '집 안에서 사용하지 않는 물건은 최대한 가지고 들어가지 않기'를 실천하기 위해 가방도 현관의 스툴에 올려놓습니다.

현관청소용 빗자루와 쓰레받기는 신발장 문 안쪽에 고리를 달고 걸어서 수납합니다. 넣고 꺼내기 쉽고 문을 닫으면 보이지 않아서 안성맞춤입니다.

Master of Storage

03 / 10

nika. home 씨

가족 : 남편, 딸(4세) 사는 곳 : 단독주택

【Instagram】 nika.hoom https://www.instagram.com/nika.home

쓰기 편한 수납은 집안일을 줄이고
가족과의 시간을 늘려줍니다

남편과 아이의 물건까지 관리하고 파악해야 하니 자연스레
수납을 신경 쓰게 됐어요. 계속 유지할 수 있는 수납, 사용하기 편한
수납을 실현하면 집안일을 하는 시간이 줄고 가족과의 시간이 생깁니다.
그것이 가장 중요한 일이라고 생각해요.

▶ 버리는 법

"언젠가 쓸지도 몰라."라는 생각이 들 때도 있습니다. 하지만 깔끔한 생활은 이런 사고방식을 버리는 것에서부터 시작하는 것이 아닐까요? 처분하거나 재활용가게에 내놓는 일은 귀찮고 힘들지요. 하지만 그것을 실감하게 되면 구입하는데 더욱 신중해집니다.

▶ 수납하는 법

심플하며 사용하기 편한 것이 최고. 겉보기도 물론 중요하지요. 하지만 나이와 키가 다른 가족 모두가 사용하기 편하게 정리해야 그 수납이 지속될 수 있지요. 또한 매일 곁에 가까이 두는 물건이므로 심플하고 오래 애용할 수 있는 것으로 고르고 있습니다.

| 팬트리 (Pantry) | 가전류는 눈에 띄지 않는 팬트리에 수납 |

Pantry

전자레인지와 전기밥솥 같은 부엌가전은 팬트리에 수납합니다. 주방 안쪽에 둘 수도 있지만 요리할 때 작업대로 쓰거나 식기류 등을 임시 보관하는 곳으로 사용하므로 가능한 비워두려고 합니다. 무엇보다 깔끔한 주방을 유지하고 싶어서 팬트리에 보관합니다.

주방

보여주는 수납과
숨기는 수납을 생각

주방에는 가능한 물건을 놓지 않으려고 늘 의식하고 있습니다. 물건이 없으면 청소가 편해지고 결과적으로 집안일이 줄어드니까요. 요리한 수프나 된장국 등이 든 냄비도 냉장고에 보관하기 때문에 가스레인지 위도 깔끔합니다. 주문 제작한 선반에는 좋아하는 물건을 올려두고 보여주는 수납을 합니다. 높이 문제로 까다롭게 고른 캐비닛은 무인양품에서 구입. 식기 등을 수납했어요.

Kitchen

❶ 팬트리는 흰색 상자로 깔끔하게 통일했어요. ❷ 높이가 낮은 식품은 얕은 서랍에. 상자 바닥에 파묻혀서 유통기한을 넘길 걱정이 없습니다. ❸ 만들어둔 음식은 밥량 용기에 담아 쌓아 놓습니다. 가운데 단은 선반을 조절하여 냄비 등도 넣을 수 있어요.

옷장

Closet

**세탁물은 말린 옷걸이
그대로 걸어서 수납**

자주 입는 옷은 바깥쪽에, 사용빈도가 낮은 옷은 안쪽에 수납하고 있습니다. 바깥쪽에 있는 봉이 약간 비어있는 것은 다음날 입을 옷을 골라서 스타일링하기 위해서입니다. 옷걸이를 통일하고 세탁한 옷은 옷걸이에 건 채로 베란다에서 말리고 그대로 들여와서 옷장에 걸어놓습니다. 옷걸이에서 빼내고 개는 일련의 집안일에서 해방되어 정말 편해졌습니다. 한 계절 동안 한 번도 입지 않은 옷은 다음 계절 옷을 꺼낼 때 처분합니다.

천정에 고정한 선반에는 바닷가에서 사용하는 물건 등 사용빈도가 낮은 계절용품을 수납. 라벨을 붙여서 상자 안에 무엇이 들어있는지 알 수 있게 해두었습니다.

거실

니토리 박스에
서류와 잡지류를
정리

거실에 있는 수납공간을 가장 자주 이용합니다. 폭이 좁은 흰색 상자는 니토리에서 구입한 것인데 흰색이라 문을 열어두어도 깔끔한 인상을 줍니다.
가방 옆은 임시보관용 자유공간. 안 쓰는 물건은 상단의 Seria 박스로 옮깁니다. 자주 사용하는 거실에 두기 때문에 재활용으로 내놓는 일을 잊어버릴 염려가 적습니다.

*니토리 : 일본의 이케아라 불리는 1위 가구 회사. 가구 및 다양한 생활소품을 판매함.

Living Room

❶ 상단에는 봉투와 편지지, 노트, 잡지를 하단은 제품설명서 등의 서류를 수납. 잡지는 여기에 들어갈 만큼만 남겨둡니다.
❷ 제품설명서 보관은 니토리보다 폭이 넓은 무인양품 박스에 라벨을 붙여서 분류합니다.

Kid's Space

| 아이 방 | 아이의 성장에 맞게
수납도 바꾸기 |
|---|---|

"아이가 있는데도 깨끗하네요."라는 말을 자주 듣지만 아이가 놀기 시작하면 순식간에 어지럽혀집니다. 하지만 확실하게 돌아갈 자리를 만들어둔 덕분에 5분이면 정리 끝. 그래서 마음 편히 생각하게 되었지요. 요즘은 치우는 걸 도와주려고 하면 "나 혼자서 할 수 있어요. 엄마 그냥 놔둬요."라고 말하곤 한답니다. 혹시 정리를 즐기게 된 것일까요? 참견하고 싶은 마음을 꾹 누르며 지켜봅니다.

❶ 상자에 사진을 붙여서 아이가 정리하기 쉽도록 해놓았어요. ❷ 종이접기는 아이가 사용하기 쉽도록 한 상자에 정리해서 넣어두었어요. 종이접기 작품도 양이 많아지면 다시 펼쳐서 재활용하기도 합니다.

Bathroom

| 욕실 | 매다는 수납과 매일 청소로
곰팡이와 물때 방지 |
|---|---|

곰팡이와 물때를 방지하기 위해서 샴푸류와 청소 도구는 바닥에 놓지 않고 매달아 둡니다. 욕조는 마지막에 쓴 사람이 닦는 것이 규칙. 거의 남편이 하게 되지만 남편이 대충 씻어놓으면 제가 집안일의 마지막 순서로 배수구의 머리카락을 처리하고 뚜껑을 세워서 마무리 세척을 합니다. 5분 정도면 충분해요.
주말에는 마지막에 제가 사용하므로 평소보다 꼼꼼하게 닦고 한 달에 한번은 곰팡이 방지 세제도 뿌립니다.

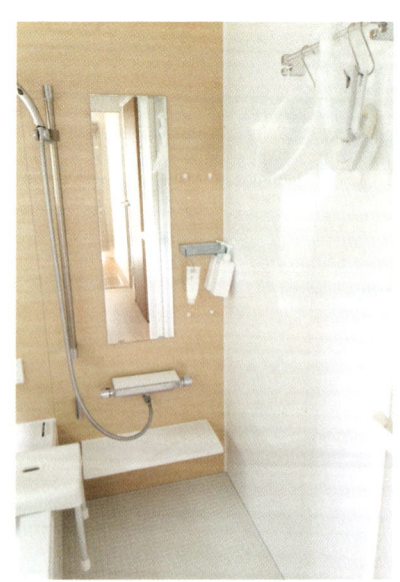

현관

불필요한 물건은
현관에서 처리

결코 넓지 않은 현관이지만 베르메종데이즈(BELLEMAISONDAYS)의 벽걸이를 설치하여 아이의 모자, 비옷, 바깥놀이 장난감을 수납했습니다. 우산도 바닥에 놓지 않고 정해진 개수만 걸어둡니다.
우편함에 들어있는 불필요한 전단지는 현관에 휴지통, 가위 등을 놓고 그 자리에서 바로 처리합니다. 이런 노력으로 필요 없는 것이 집 안으로 들어오지 않는 생활이 유지됩니다. 필요한 물건을 적당하게 가지고 기분 좋게 수납하며 사는 매일의 일상이 즐겁습니다.

Entrance

❶ 현관수납에 파지 상자를 설치. 3단 휴지통의 맨 위에는 가위와 끈 등을 넣어두었어요. 중간은 우유팩 회수용, 마지막 칸은 파지 회수용으로 불필요한 전단 등도 집 안에 들이기 전에 여기서 처리. 물건이 늘어나는 것을 방지합니다. ❷ 현관 전경. 오른쪽 문을 열면 위의 사진. 왼쪽이 파지 상자가 있는 쪽. ❸ 파지 상자를 열어놓은 상태입니다.

Chapter_01

Master of Storage
04 / 10

ichigo 씨

가족 : 남편   사는 곳 : 단독주택

【블로그】 포카포카비요리   http://pokapoka-biyori.blog.jp/
【인스타그램】 pokapokaichigo   http://instagram.com/pokapokaichigo

남편과 키 차이를 고려해서 쓰기 편한 높이 70% 수납을 목표로 합니다

남편은 만질 때의 촉감과 피부에 닿는 감촉을 무척 중시하는 스타일이라 서로 의견이 다른 경우가 종종 있습니다. 그래서 "이거면 됐어."가 아니라 "바로 이거야!"라고 설레는 물건을 발견할 때까지 차분히 찾아봅니다. 그러다보니 자연스럽게 쓸데없는 물건이 늘지 않게 되었어요.

▶ 버리는 법
버리는 것이 불안할 때는 꺼내기 힘든 곳에 임시로 보관해둡니다. 그리고 반년에서 1년간 사용하지 않는 물건이라면 버립니다. 물건 재고는 최소한으로 1개씩만. 무엇인가를 쓰거나 개봉했으면 쇼핑리스트에 적어두고 여분의 물건이 늘어나지 않게 합니다.

▶ 수납하는 법
남편과 저는 20cm 정도의 키 차이가 납니다. 그래서 개인적으로 사용하는 물건은 각자가 사용하기 편한 높이에 수납하고 있어요. 같이 쓰는 물건은 서로가 조금 양보하거나 더 자주 쓰는 사람 쪽에 맞춥니다. 꽉 채우지 않고 70% 정도만 수납을 하면 넣고 꺼내기가 쉽습니다.

브레드박스 자잘한 것은 브레드박스에 숨겨서 수납

Bread bin

식빵이나 시럽, 후리가케 등. 식탁에서 자주 사용하지만 포장이 너무 컬러풀해서 존재감이 강한 것들은 법랑 타입 브레드박스에 담아 선반에 놓습니다. 빵이 마르지 않고, 뚜껑을 닫으면 깔끔하고 세련되어 보여요.

주방

목표는
콕피트 키친
(cokpit, 항공기 조종석)

주방 배면의 오픈 선반과 찬장은 요리와 동선을 생각해서 배치했습니다. 예를 들면 메인요리를 담을 큼직한 접시는 찬장 중에서도 레인지 정면에 해당하는 위치에. 밥그릇은 밥솥의 높이와 같은 위치에.
목표는 콕피트 키친. 서 있는 장소에서 필요한 모든 물건에 손이 닿는 주방입니다. 특히 무리 없이 깔끔하게 유지하기 위해서 꺼내는 것보다 집어넣을 때에 중점을 두고 수납을 합니다.

Kitchen

❶ 식기는 무인양품의 아크릴 선반을 사용해서 깊숙한 곳에 있는 것도 꺼내기 쉽도록. ❷ 남편의 취향으로 고른 OXO의 밀폐용기는 밀폐력이 뛰어나 가루류 보관에 최적. 서랍 안쪽에 압축봉을 설치해서 밀폐용기가 너무 깊숙하게 미끄러져 들어가는 것을 방지했습니다. ❸ 싱크대 밑에는 "물건을 사려면 평생 쓸 수 있는 좋은 것을 사자"는 생각으로 최근에 구입한 소리야나기(柳宗理)의 스텐 보울, 채반 세트를 넣어두었습니다. ❹ 찬장 아래는 세제와 조미료 재고 등을 수납하고 있습니다.

거실

앉아서도 손이 닿도록 랙을 배치

소파에 한번 앉으면 일어나기 싫지요. 그래서 앉은 채로 잡을 수 있게 자주 쓰는 물건들을 모아 소파 옆 랙에 놓아두었어요. 제일 먼저 리모컨 종류. 서 있을 때나 소파에 앉아있을 때 모두 손에 잡히도록 2번째 칸에 수납. 3번째 칸은 읽던 잡지와 책을 넣는 공간. 매달 사는 잡지는 다음 달 분이 도착하면 처분하지만 마음에 드는 기사는 아래에 있는 파일박스 2개에 넣을 양만큼만 보관합니다.

로봇청소기 작동에 방해되지 않도록 발밑에는 가능한 아무 것도 놓지 않습니다.

Living Room

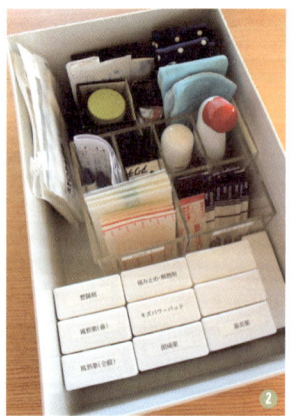

❶ 소파 옆에 있는 랙. 디지털 액자의 배선은 랙 프레임의 뒤쪽을 통과. ❷ 거실에 수납하는 구급 상자. 상비약은 설명서와 함께 담배 케이스에 넣어서 보관. 붕대와 마스크는 다이소의 지퍼백에 넣으면 깔끔. ❸ 거실 수납에는 여유 공간을 만들어 선물 받은 물건처럼 수납장소가 미정인 물건을 임시보관하고 있습니다.

옷장

**반투명 서랍은 정면을
플라스틱 골판지로 가려
깔끔하게**

부부평등이 모토인 우리 집에서는 옷장도 반반씩 사용하고 있습니다. 일상복은 옷걸이에 수납을 하고 서랍 맨 위 칸에 속옷류를 넣었습니다. 과감하게 옷을 정리하고 남은 옷으로 이리저리 맞춰 입게 되면서 공간이 여유로워졌어요.
반투명 서랍장의 앞면은 플라스틱 골판지로 가리개를 만들어 깔끔해 보이도록 했어요. 반투명인 것이 내용물을 알아보기 쉽지만 역시 외관도 중요하니까요. 대신 라벨을 붙여서 찾기 쉽게 해 두었어요.

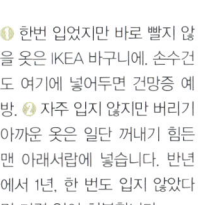
Closet

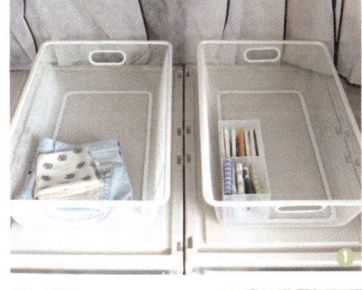

❶ 한번 입었지만 바로 빨지 않을 옷은 IKEA 바구니에. 손수건도 여기에 넣어두면 건망증 예방. ❷ 자주 입지 않지만 버리기 아까운 옷은 일단 꺼내기 힘든 맨 아래서랍에 넣습니다. 반년에서 1년, 한 번도 입지 않았다면 미련 없이 처분합니다.

세탁

Laundry

세제용기는 동일한
용기에 담아 통일감을

세탁기 위의 오픈선반에는 수건류와 세탁 세제와 청소 세제를 수납하고 있습니다. 선반 아래에는 DIY로 봉을 달아 청소 도구와 세탁망, 세탁기 먼지거름망용 휴지통을 매달아두었어요. 리필용기와 라벨은 라쿠텐의 mon.o.tone에서 구입. 용기를 통일하면 훨씬 깔끔해보여요. 눈에 거슬리는 세탁기 코드는 잎사귀 모양 조화로 자연스럽게 가렸습니다.

세면대

낭비처럼 보여도 편리한
각자 치약 하나씩

삼면거울의 안쪽도 부부평등. 왼쪽은 제 공간. 오른쪽은 남편의 공간. 한가운데는 공용입니다. 각자가 반반씩 공간을 나누면서 치약도 한 사람당 하나씩 씁니다. 치약을 두 개 꺼내놓고 쓰는 것은 낭비라고 생각될 수도 있지만 바쁜 아침 시간, 자기 공간의 문만 하나 열면 끝이니 편리합니다. 사소한 일이지만 동선을 줄이는 아이디어입니다.

Washroom

세면대 아래 서랍 상단은 남편의 물건, 중간에는 제 물건, 하단에는 멜라민 스펀지와 오래된 칫솔 등의 청소 도구를 수납.

Entrance

현관

과감하게 떼어낸
신발장 문, 그것이 정답!

잠시 신경을 안 쓰면 어느새 현관 바닥을 점령하는 신발들. 그래서 남편과 의논했어요. "신발을 제자리에 넣지 않는 것은 신발장 문을 여닫는 것이 귀찮기 때문이다."라는 결론에 도달했습니다. 그래서 붙박이 신발장의 문을 철거했어요. 그 후로는 '현관 바닥에는 신발 한 켤레만'이라는 규칙이 잘 지켜지고 신발을 정리하는 습관이 몸에 배었습니다.

❶ 계절을 느낄 수 있는 인테리어로 신발장 위를 장식합니다. ❷ 현관 창 밑에는 '무인양품. 벽걸이 가구 시리즈인 3열 행거'를 설치하여 모자걸이로 사용. 슬림형으로 사용하지 않을 때는 고리 부분을 접어 넣을 수 있어 무척 편리합니다.

Application

앱

깔끔한 수납에
꼭 필요한 사이즈 재기

좋은 물건을 발견했는데 사이즈를 적은 메모를 안 가지고 나왔다면? 그럴 때 도움이 되는 것이 '사진에 사이즈 메모'. 찍은 사진에 측정한 사이즈를 메모할 수 있는 무료 앱입니다. 서랍 안 치수, 가구의 사이즈 등 생각났을 때 여러 장 찍어서 메모해두면 언제든 당황하지 않고 꼭 맞는 수납용품을 고를 수 있습니다.

Master of Storage
05 / 10

yumi 씨

가족 : 남편, 딸(13세), 아들(10세, 3세)　　사는 곳 : 단독주택

【블로그】 yumimoo65　https://www.instagram.com/yumimoo65

시골 생활을 하는 우리 집에
어울리는 수납을 생각합니다

대단히 멋진 수납은 아니지만 '가족들이 알아보기 쉬울 것'
'바로 꺼낼 수 있고 다시 넣기 쉬울 것'에 초점을 맞췄습니다.
예전 집은 수납장소가 거의 없어 신발 한 켤레 사는 것도 고민해야 할 정도였어요.
하지만 생활방식과 수납에 대해 많은 생각을 할 수 있게 되었습니다.

▶ 버리는 법
마음에 들어서 사용했던 물건을 간단히 버리는 것은 차마 하기 힘든 일. 그래서 아이들이 좋아할만한 장난감은 지역의 아동관에 기부합니다. 또 역할을 마친 아기침대는 해체한 다음, 붙박이 벽장 속에 넣을 발판으로 사용해요. 만약 어쩔 수 없이 처분해야한다면 '지금까지 참 고마웠어.'라는 감사의 말을 하고 처리하는 것이 규칙입니다.

▶ 수납하는 법
물건에게는 지정석과 그 전의 대합실(임시 거처)를 만들어 가족이 알아보기 쉽도록 수납합니다. 예를 들어 전화로 "그거 어디 있지?"라고 물을 때 "거실 서랍장 위에서 2번째 칸"이라고 알려줄 수 있을 정도의 한눈에 알아볼 수 있는 수납을 하려고 노력합니다.

| 아이옷 | 작아진 옷은
보관했다가 프리마켓으로

Kid's Item

금세 작아져 못 입게 되는 것이 아이들의 옷이지요. 이런 옷들은 일 년에 한 번씩 프리마켓에 출품하고 있어요. 못 입게 된 옷은 깨끗하게 세탁한 다음, 깔끔하게 개고 가격표까지 붙인 후 서랍 2개에 나눠서 넣어둡니다.

| 주방 | 좋아하는 물건들로만 둘러싸인 아늑한 공간 |

주방은 가사실과 드레싱룸으로도 연결되어 있으며 완벽한 가사동선까지 고려하여 심혈을 기울인 장소입니다. 아이들이 '엄마방'이라고 부를 정도로 제가 가장 오래 머무는 곳이기도 하지요. 제가 좋아하는 바구니들을 선반에 올려놓고 흐뭇하게 바라보곤 합니다. 부엌문은 텃밭과 연결되어 있어요.

Kitchen

❶ 가루류와 설탕류를 모두 보존용기인 플래시록(FRESHLOK)에 옮겨 담고 라벨을 붙였습니다. 들쭉날쭉해 보이지만 자주 사용하는 것을 꺼내기 쉬운 위치에 배치한 것입니다. ❷ 싱크대 밑에는 보울, 조리 도구, 일회용 비닐용품 등을 넣어두었습니다. ❸ 조리대 밑의 한쪽 구석에 과자틀과 요리책 등을 수납했습니다.

| 거실 | 할머니 혼수 서랍장으로
정리한 공간

Living Room

다다미에서 뒹구는 것을 좋아하는 남편과 바닥에 앉아 작업을 하고 싶은 제 의견이 일치하여 우리 집 거실은 요즘은 찾기 힘든 다다미방. 가족이 모이는 이곳에 둔 오래된 서랍장은 시할머님의 혼수를 물려받아 손질한 것입니다. 정말 큰 수납장으로 잘 활용하고 있습니다.
거실과 다이닝룸 사이에 있는 책장은 친정아버지가 물려주신 것. 제가 어릴 때는 저희 남매의 책장으로 활용했고 지금은 우리 집 막내의 장난감 상자가 되었습니다.

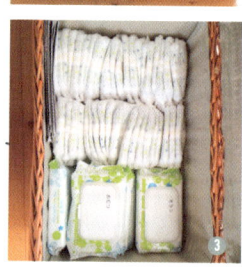

❶ 친정아버지가 물려주신 책장을 거실과 다이닝룸 사이에 두었습니다. 유리가 오래되어 혹시 깨질까 걱정이 되어 막내가 어릴 때는 빼고 쓰기로 결정. 천을 붙여서 먼지에 대처합니다. ❷ 책장 속 모습. 거실에는 여기에 들어갈 만큼만 그림책과 장난감을 두기로 정했습니다. ❸ 책장 옆에 있는 상자에는 기저귀 등 아기를 돌볼 때 필요한 아이템을 한데 모아서 보관.

서랍장 안에는 상비약 등을 수납. 완벽하게 분류하지 않고 대충 넣어두었지만 아이도 잘 찾습니다.

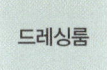
드레싱룸
작은 아이디어로 세탁도 즐겁게

주방 옆에 있는 드레싱룸에는 주문 제작한 딱 맞는 크기의 선반이 있습니다. 여기에 가족의 속옷과 잠옷, 목욕수건, 세탁용품 등을 수납하지요. 제 마음에 쏙 드는 프레디랙(Freddy Leck)의 대야는 셔츠 애벌빨래용으로 씁니다. 그런데 빨래를 하다보면 이상하게도 여기저기에서 동전이 나오지 않나요? 우리 집에서는 드레싱룸 서랍 안에 동전저금통을 준비해두고 모인 돈은 여름 축제때 사용하고 있어요.

Dressing Room

드레싱룸의 서랍. 속옷과 양말, 잠옷 등을 수납. 아이들도 스스로 넣고 꺼내기 쉽도록 세워서 넣어두었습니다.

세면장
주방 옆에 세면장 겸 가사실이 있어 무척 편리

우리 집의 특징은 주방과 인접한 세면장 겸 가사실입니다. 목수가 직접 만든 긴 통판 선반이 있어서 이를 닦고 세수뿐 아니라 주방을 연장해서 작업이 가능하답니다. 선반 밑은 쓰레기 스테이션. 분류하기도 편해요. 재활용 날짜도 같이 라벨로 붙여두면 "다음 재활용은 언제더라?"하고 신경 쓸 필요가 없어집니다.

Washroom

통판 선반 밑에 긴 봉을 달았더니 수건걸이가 되었습니다. 왼쪽 끝에 있는 수납 케이스에는 수건류와 쓰레기봉투, 화장품과 치약 등이 들어있습니다.

| 아이 방 | 아이의 추억과 성장을 소중하게 수납 |

Kid's Space

막내는 이곳저곳에서 물건들을 물려받습니다. 커서 당장 입지 못하는 것은 사이즈 별, 계절별로 정리해서 보관. 꽉 채워 넣으면 열 때마다 짜증이 날 것 같아 마끈으로 묶고 사이즈 등을 적은 태그를 붙여서 보관하고 있습니다.

또한 아이들은 여러 가지를 만들곤 합니다. 저는 학교 과제로 제대로 그린 것보다 광고지 뒷면에 낙서처럼 그린 그림을 더 버리기 어렵더라고요. 한명씩 스크랩북을 준비해서 다닥다닥 붙여놓고 있습니다. 이렇게 하면 다시 보기도 편하고 보관도 쉽답니다.

❶ 물려받은 것들은 이런 식으로 정리해서 상자에 보관하고 있습니다. ❷ 뱅커스박스(BANKERS BOX)를 아이 한 명 당 한 개씩 준비. 배냇머리로 만든 붓인 태모필, 탯줄, 졸업증서 등, 언젠가 아이가 독립할 때 전해 주고 싶은 것들을 모으고 있습니다. ❸ 아이가 그린 그림 등을 붙인 스크랩북. 물건은 늘리고 싶지 않지만 추억은 소중히 간직하고 싶습니다.

| 앨범 | 가족의 추억이 가득 담긴 사진들

Album

2층 침실의 캐비닛 한쪽이 가족사진을 두는 자리. 앨범도 어느새 이렇게 늘어났네요. 무인양품에서 구입한 앨범으로 통일하고 라벨을 붙여 언제, 누구의 앨범인지 한눈에 알아볼 수 있도록 정리했습니다. 그리고 하단에는 여러 번 되풀이해서 읽고 싶은 잡지류가 들어있어요. 잡지는 여기에 들어갈 만큼만 남깁니다.

| 현관 | 여유 공간 덕분에 현관이 깔끔

Entrance

현관 옆에 여유 공간을 만든 덕분에 현관이 깔끔해졌습니다. 안쪽에 고리를 달아 비옷과 청소용품 등을 보이지 않게 수납했어요. 선반에는 손수건과 티슈, 립크림과 선크림처럼 외출 전 현관에서 '아, 깜빡했네.'라고 생각하기 쉬운 아이템을 수납. 윗단에는 놀러 온 친구가 혹시 마음에 들어 하면 선물할 물건 등도 장식해두었습니다.

Master of Storage 06 / 10

m'm 씨

가족 : 남편, 딸(9세, 7세)   사는 곳 : 단독주택

【블로그】 m'm home   http://ameblo.jp/m-m-home
【인스타그램】 m_m_home   https://www.instagram.com/m_m_home

같은 색과 모양으로 깔끔하게
어디라도 다른 사람에게 보여줄 수 있게 수납

아름답게 수납되어 있는 어느 블로그를 보고 심기일전!
어린아이가 있어도, 시간이 없어도 가능한, 심플하면서 마음이
행복해지는 수납을 꿈꾸고 있습니다. 목표는 어디를 보여줘도
부끄럽지 않은 '보여주는 수납'입니다.

▶ **버리는 법**
충동구매를 멈추고 '정말 사용할 것인가 아닌가'로 판단합니다. 또 비슷한 물건은 중복해서 사지 않습니다. 물건을 버리는 것은 가능한 피하고 싶습니다.

▶ **수납하는 법**
같은 색조, 모양으로 맞춰서 어느 문이나 서랍을 열든 아름답게 정돈되어 보이게 수납합니다. 또 물건을 살 때는 손에 잡는 순간, '어디에 수납할 것인가'를 결정합니다. 계산대 앞에서라도 정말 필요한지 아닌지를 고민한 후에 구입합니다.

팬트리 (Pantry)   무인양품 수납박스로
세밀하게 분류 수납

Pantry

모노톤으로 맞춰서 수납을 통일합니다. 특히 주방에서 사용하는 물건은 더러워지기 쉽기 때문에 팬트리에는 간단하게 씻을 수 있는 케이스를 골랐습니다. 가족 공용 물건에는 알아보기 쉽게 라벨을 붙였지만 저 혼자 사용하는 물건에는 굳이 라벨을 붙이지 않습니다. 그렇게 하는 쪽이 더 깔끔해 보이거든요.

| 주방 | 철저한 색상 통일이 깔끔하게 보이는 비결 |

Kitchen

모든 물건을 모노톤으로 통일하고 조미료는 다른 병에 옮겨 담아 사용합니다. 컬러풀한 패키지가 대부분인 랩이나 알루미늄 호일류는 전부 무인양품 랩 케이스에 넣어 사용. 조미료병에 붙인 라벨은 라쿠텐의 mon.o.tone에서 구입했습니다. 싱크대 아래는 밀폐용기와 보울, 조리도구 등을 수납. 수납검정시험 공부를 할 때 배운 '수납은 80%가 좋다!'를 실천하고 싶지만 실제로는 지키기 어렵네요.

❶ 랩류는 옮겨 사용. 무인양품에는 작은 사이즈의 랩 케이스가 없어서 검정 마스킹 테이프를 붙여 직접 만들었습니다. ❷ ❸ 냉장고에 보관하는 드레싱과 소스류는 하리오(HARIO) 드레싱병에 담았습니다. 오일과 간장은 이와키(iwaki)의 병에. 드레싱류는 Seria의 칸막이 케이스에 담으면 문을 열어도 움직이지 않습니다.

| 아이 방 | 아이들에게 '정리하면 기분이 좋아진다'는 것을 알려준다 |

Kid's Space

딸들의 장난감은 라쿠텐에서 산 스마일 박스에 무조건 집어넣는 수납을 기본으로 합니다. 작은 장난감인 실바니안 패밀리는 의자로도 쓸 수 있는 수납용품에 보관. 평소엔 오른쪽 아래 사진 같은 상태입니다. 아이들 방이기 때문에 제가 참견해서 "정리해."고 다그치지 않습니다. 하지만 가끔 아이들이 스스로 정리하는 모습을 보면 '깨끗한 방은 기분이 좋다.'라는 것을 이미 알고 있는 것 같아요. 그럴 때는 마구마구 칭찬해줍니다.

여기엔 제가 어렸을 때 모아두었던 실바니안 패밀리도 섞여있습니다. 이 장난감도 미래의 손자들까지 가지고 놀 수 있도록 소중하게 쓰면 좋겠네요.

| 이불 | 여름과 겨울로 분류하여 수납 |

Visitor's Futon

우리 집 수납장은 이불을 네 번 접어야만 들어갑니다. 손님용 이불과 계절이 지난 이불 등은 옷방(워크 인 클로짓) 안쪽에 수납. 손님용은 브라운색 커버를 씌워서 4세트 준비해두었습니다. 그 오른쪽 옆에 있는 피치존(PEACH JOHN) 수납 봉투에 들어있는 것은 여름용 이불과 겨울에 쓰는 고다츠 덮개 등. 여름과 겨울용으로 분류하면 알아보기 쉬워요.

| 신발장 | 다이소 모노톤 상자를 신발함으로

Shoes cloak

다이소에서 정말 귀여운 박스를 발견했습니다. 모노톤에 미키마우스 무늬. 높이가 있는 하이힐과 남성용 구두는 안 들어가지만 아이 신발과 여성용 스니커즈 등은 충분히 수납할 수 있습니다. 라벨을 붙여 누구의 신발인지 한 눈에 알아볼 수 있도록 정리했습니다. 그 외의 신발은 트레이에 놓아서 오염을 방지.

| 세면장 | 좁은 공간이므로 꼼꼼하게 수납

Washroom

세면대 아래에는 샴푸, 세제, 드라이기 외 여분의 칫솔과 콘택트렌즈 용품, 입욕제같이 자잘한 것을 수납하고 있습니다. 삼면거울 안의 헤어케어 용품과 화장품도 라벨을 바꾸거나 용기를 옮겨 담아 색을 통일합니다.
또 문 안쪽에 100엔샵에서 산 고리를 붙여 액세서리를 수납합니다.

오른쪽 끝은 다이소의 뚜껑 있는 상자. 차곡차곡 쌓아올릴 수 있어 자질구레한 물건을 관리하는데 정말 유용. 물기나 오염에도 강해서 편리합니다.

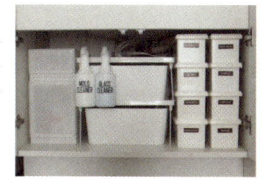

Master of Storage

07 / 10

SAYA 씨

가족 : 남편, 아들(5세)   사는 곳 : 단독주택

【인스타그램】 saya.s.a   http://www.instagram.com/saya.s.a

버리는데도 에너지가 필요하므로
마지막까지 철저하게 사용합니다

수납용품은 평생 쓸 각오로 구입합니다.
다른 장소에서도 재사용할 수 있는지, 추가 구입이 가능한지 여부가 중요합니다.
가능한 꼭 필요한 물건만 구입하려고 애쓰지만
요즘 북유럽 식기가 계속 늘어나는 것이 고민입니다.

▶ 버리는 법

아직 쓸 수 있을 것 같은 물건을 버리는 것은 마음이 아프고 버리는데도 에너지가 필요합니다. 그래서 가능하면 물건을 버리지 않도록 구입할 때부터 주의를 기울입니다. 충분히 입은 옷이나 수건 등은 걸레로 만드는 등 재활용 후 버립니다.

▶ 수납하는 법

수납에 눈을 뜬 것은 결혼 초기에 살던 연립주택이 협소주택이었기 때문입니다. 정말 필요한 물건 밖에 둘 수 없는 환경에서, 어떻게 하면 쾌적하게 살아갈 수 있을까를 고민했지요. 심플하고 쓰기 편한 수납이 저의 모토입니다.

아이옷 — 아이 혼자 준비할 수 있도록 외출 준비 코너를 설치

아들이 유치원에 다니면서 거실에 '외출 준비 코너'를 만들었습니다. 선반 아래에 있는 상자에 유치원 원복과 체육복, 양말, 손수건 등을 수납. 이 상자에서 다음날 입을 옷과 소지품을 꺼내 준비하는 시스템을 만들었습니다. 지금은 아들이 혼자서 준비할 수 있을 만큼 성장했습니다.

Living Room

거실에 있는 '외출 준비 코너'. 선반 위에는 유치원에서 가지고 온 작품이나 두고두고 남기고 싶은 것들을 스크랩해 둡니다.

주방

무인양품 칸막이 케이스로 세워서 수납

주방은 다른 인스타그래머들의 수납을 구경하면서 만들어가는 중입니다. 먼저 가능한 세세하게 칸막이를 만들어 물건의 제자리를 정합니다. 무인양품 칸막이 스탠드를 활용해서 상부장에는 핫플레이트용 그릴, 오븐 철판을, 싱크대 아래에는 쓰레기봉투를 칸막이 판에 걸치듯이 수납.
큰 사이즈에는 체중계 등도 세워서 수납 가능합니다.

Kitchen

① 팬트리에는 식료품과 소모품 외, 평소에 사용하는 가방, 가계부, 약 등도 보관. ② 조리용 액세서리는 무인양품의 데스크 정리 트레이로 세세하게 칸을 막아 수납 ③ 싱크대 아래의 서랍에는 청소관련 용품을 넣어두었어요. 왼쪽 끝이 칸막이 케이스로 세워서 수납한 쓰레기봉투. ④ 매일 쓰는 도시락용품은 한 상자에 모아서 수납 ⑤ 웨건식 서랍 안에 있는 휴건통. 라벨을 붙여서 알아보기 쉽습니다.

| 옷장 | 제철 옷은 일목요연하게 걸어서 수납 |

Closet

옷방(워크인 클로짓)의 오른쪽이 남편, 왼쪽이 제 공간입니다. 옷은 세탁 후 옷걸이에 걸어 말린 다음, 옷걸이째 옷방으로 들여놓습니다. 그러니까 옷걸이에 걸린 옷은 전부 지금 입는 옷입니다.

철이 지난 옷은 아래쪽 상자에 수납하고 있습니다. 옷걸이는 마와(MAWA)행거 이코노믹40을 사용. 어깨라인이 망가지지 않고 옷이 미끄러지지 않는 우수한 상품입니다.

| 아이방 | 앞으로의 생활변화와 아이의 성장을 고려한 수납 |

Kid's Space

아직은 방이 필요 없는 5살 아들. 앞으로는 혼자서 쓰게 될 방의 옷상에는 철 지난 옷과 지금은 안 쓰는 장난감, 작아진 옷, 계절 이벤트용품 등을 수납합니다. 수납 상자를 제 것과 같은 것을 사용해서 아이가 성장했을 때나 수납 내용이 바뀌었을 때라도 재사용하거나 변경하기 편하게 고려했습니다.

Washroom

오픈 선반에 바구니를 활용 보이는 수납

세면장

세면대 옆의 오픈 선반은 저렴한 아이템을 사용해서 보이는 수납을 했습니다. 하단의 미니타월이 담긴 바구니는 Seria에서 산 것. 상단 액자와 중간 칸의 화장품 등을 넣은 바구니도 100엔샵이나 300엔샵에서 구입. 치약은 클립으로 집어서 수납했어요.

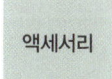

자질구레한 물건은 상자째 옮길 수 있도록 수납

약 상자는 무인양품의 메이크박스를 사용합니다. 가볍고 손잡이가 있어 급할 때도 바로 꺼내기 쉽습니다. 또 아이들에게 관리를 맡길 수 없는 가위나 풀, 색연필, 종이접기용 종이 등은 무인양품의 수납 캐리박스에 넣어 아들의 손이 닿지 않는 장소에 두고 있어요.

Accessories

❶ 운반이 편한 무인양품의 수납 캐리박스. 재봉 도구도 똑같은 박스에 수납했어요. ❷ 무인양품 메이크박스는 약&위생용품 수납에 사용. 메이크업 브러시를 꽂는 공간에 튜브 타입 약이나 체온계를 수납할 수 있어 안성맞춤.

Papers

'그 서류 어디 있지?'는 이제 끝

서류

중요한 서류나 제품사용설명서는 무인양품의 파일박스에, 마찬가지로 무인양품 재생지로 만든 파일을 이용해서 수납하고 있습니다. 대강의 색인을 만들어놓고 그저 그 자리에 집어넣기만 하면 끝이라 간단합니다. 이제 "그 서류 어디 있지?"라는 질문은 끝!

Master of Storage
08 / 10

Na 씨

가족 : 남편, 아들(10세, 8세)   사는 곳 : 단독주택

【블로그】 **WITH LATTICE** http://nlattice.exblog.jp

아름다운 수납은 가족 모두가 함께 해야 가능
던져넣기, 뚜껑없는 수납으로 간단 정리

"좀 더 효율적인 생활을 할 수 없을까?"라고 생각하고
정리수납어드바이저1급 자격을 취득.
온 가족이 지속할 수 있는 간단명료한 수납 시스템을 만들고 있습니다.

▶ **버리는 법**
아이의 작품은 장식해놓고 충분히 즐긴 다음, 사진으로 간직합니다. '버린다'보다 '사진으로 남긴다'고 생각하면 정리가 쉬워집니다. 옷은 입는 빈도 순으로 걸고 옷걸이도 수량을 정해둡니다. 옷걸이가 모자라는 시점에 입는 빈도가 낮은 옷부터 처분합니다.

▶ **수납하는 법**
아무리 깨끗하게 정리한다해도 유지할 수 없다면 의미가 없지요. 가족 모두가 지속하려면 수납의 어려움이 없어야 겠지요. 던져 넣기, 뚜껑 없는 수납, 거는 수납 등 간단하면서 오래 지속할 수 있는 수납이 목표입니다.

| 거실 | 인테리어와 잘 어울리는
전통 일본 종이 휴지통 |

Living Room

거실용 휴지통은 한쪽 구석에 있으면 사용하기 불편합니다. 그래서 꺼내놔도 거슬리지 않고 인테리어 효과도 있는 전통 일본 종이로 만든 박스(SIWA)를 골랐습니다. 종이지만 무척 견고하고 원하는 스타일로 형태를 바꿀 수 있어 마음에 쏙 들어요.

주방

상자와 용기를 통일

수납 상자는 가능한 통일시키지만 그 안에 넣는 물건은 장르별로 나눠서 대충 수납. '딱 봤을 때 깔끔해 보이면 OK!'가 우리 집의 규칙입니다. 걸레를 넣는 100엔샵 박스 안쪽에 마음에 드는 북유럽 원단을 붙인다거나 겉면에 자투리 천을 붙여서 집안 인테리어와 어울리는 커트러리 통을 만들기도 합니다. 깔끔하면서도 내 취향이 살아있는 수납 아이디어가 떠올랐을 때가 가장 즐겁습니다.

Kitchen

주방 배면에는 서랍식 수납장이 없으므로 작은 접시류는 대략적으로 분류해서 상자에 넣어서 보관. 자주 사용하는 작은 접시는 100엔샵의 와이어 바구니를 사용하여 수납

❶ 이케아 컵에 평소 사용하는 커트러리를 세워서 수납. 바깥에 자투리 천을 붙여서 인테리어와 어울리도록 꾸몄습니다. ❷ 비닐봉지, 보냉가방, 장갑류는 전용 박스에 담아 옆에서 꺼내기 쉽도록 세워서 수납 ❸ 건조식품과 조미료류는 보존용기인 플래시록(FRESHLOK)에 보관. ❹ 주방후드 위에 올려놓은 걸레상자. 미묘하게 내용물이 비치는 게 싫어서 상자 안쪽에 좋아하는 원단을 붙였어요. 상자만 너무 튀지 않아서 마음에 듭니다.

옷장 | 규칙이 있다면 옷장도 깔끔하게 유지

대부분 매다는 수납을 하고 있습니다. 부피가 큰 하의도 깔끔하게 정리되고 뭐가 어디에 있는지 정확하게 파악할 수 있습니다. 세탁을 마치고 다 마른 옷은 왼쪽 끝에 걸어놓습니다. 그렇게 하면 자연히 자주 입는 옷에서 잘 입지 않는 사용 빈도 순서로 옷이 걸려있게 된답니다. 덧붙여서 한번 입었던 옷이나 소품을 넣을 수 있는 임시보관 상자를 준비해두면 보기에도 깔끔하고 구분하기도 쉽습니다.

Closet

침낭이나 방한복 등 사용빈도가 적은 것은 상자에 넣어서 수납 선반 위에. 내용물이 보이지 않으므로 정신 없이 넣어도 보기에는 깔끔합니다.

Laundry

세탁 | 마음에 드는 원단으로 어수선한 곳을 가린다

세탁용 세제는 다른 용기에 옮겨 담아 세탁기 위 선반에. 죽은 공간을 활용하기 위해서 직접 플라스틱 골판지와 압축봉 2개로 선반을 만들어 달았습니다. 여기에는 휴지통과 청소용품 등도 수납했어요. 청소용품은 어수선한 느낌이 드는 물건이지만 마음에 드는 북유럽 원단을 이용해 커튼처럼 가려주면 깔끔하게 정리할 수 있어요.

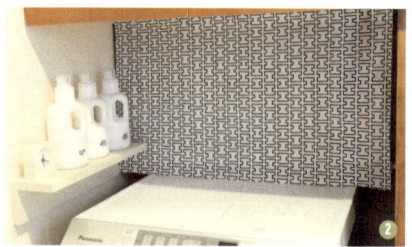

❶ 선반 정면에 베이킹 소다, 구연산, 세스퀴 탄산소다 (Sodium Sesquicarbonate) 천연청소에 꼭 필요한 3종 세트를 다이소의 PET용기에 담아서 올려두었습니다. 청소용품으로 세탁기의 배선부분도 가려줍니다. ❷ 자투리 천을 사용했기 때문에 제작비는 단 400엔(약 4천원)!

게임

게임용품은 뚜껑 없는 수납으로 쉽게

거실에 게임을 정리할 장소를 만들어두었습니다. 게임본체는 바구니에 넣고 그 외의 게임용품은 무인양품의 라탄바스켓에 넣습니다. 둘 다 뚜껑이 없으니까 툭 넣기만 하면 끝. 이 정도는 되어야 손쉽게 정리할 수 있겠지요? 바구니와 라탄바스켓처럼 인테리어 소품 같은 수납 아이템을 사용하면 거실의 분위기에 자연스럽게 어울립니다.

Game

본체를 오픈된 바구니에 두는 것은 언제든 이 상태로 충전할 수 있기 때문입니다. 깊이감있는 바구니를 사용하여 최대한 게임기가 안 보이도록 하는 것도 포인트입니다.

Printer

프린터

바퀴를 달아 필요할 때만 이동

프린터는 항상 쓰는 것은 아니지만 꼭 필요한 아이템. 거실에 두면 너무 자리를 차지하므로 주방의 배면 수납선반 맨 밑에 두었습니다. 정면에서 봐도 존재감이 드러나지 않도록 L자형 받침에 두고 뒷면이 앞을 향하게 수납. 받침 아래에는 바퀴를 달아 필요할 때만 이동시켜서 씁니다.

| 아이들 교재 | 가장 많이 이용하는 장소 그래서 지켜보기 쉽다

Kid's Item

우리 집에 방문한 사람들이 "어머, 이걸 여기에 놔요?"라고 놀라는 것이 있습니다. 아이들 교재도 그 중에 하나. 우선 거실의 한쪽에 놓여있는 직접 만든 책가방 수납상자. 집에 돌아와서 툭 넣기만 하면 되니까 아이들도 잘 넣어둡니다. 또 교과서와 학교 용품은 주방의 배면수납장에 한데 모아서 넣어둡니다. 회사에서 돌아와 짧은 저녁 시간에 요리도 하면서 다음날 준비를 지켜볼 수 있기 때문에 일하는 엄마에게 정말 안성맞춤입니다.

❶ 형제별로 좌우로 구역을 나눠서 교과서나 학교용품을 수납. 시간표도 파일박스에 붙여둡니다. ❷ 배면 수납장 안쪽에 스토퍼를 겸하여 무인양품의 파일박스를 넣었어요. 여기에는 전년도의 교과서를 보관하고 있습니다.

사과 상자를 리폼하고 스텐실로 포인트를 준 책가방 보관 상자. 바퀴를 달아 청소와 이동도 간단합니다.

| 티슈 | ## 모두가 쓰기 편하게
식탁 아래에 매달기 |
|---|---|

Tissues

티슈는 하루에도 몇 번씩 사용하지만 그냥 그대로 놓아두면 지저분해 보이기 쉬운 아이템이지요. 우리 집에서는 식탁 아래에 플라스틱 골판지로 만든 ㄷ자 티슈케이스를 매달아 놓았습니다. 테이블에 앉았을 때 모두의 손이 잘 닿는 것은 물론 들여다보지 않으면 의외로 잘 보이지 않아요. 덕분에 다이닝룸이 깔끔하게 정리되어 보입니다.

플라스틱 골판지로 케이스를 만들어 식탁 밑에 달았습니다. 언뜻 보기에는 티슈가 있는지도 모를 정도예요.

Temporary space

| 임시 보관 공간 | ## 항상 일정 공간을
비워두고 활용합니다 |
|---|---|

갑작스런 선물로 물건이 늘어나거나 반대로 필요 없는 물건을 처분하기 전에 잠시 보관할 곳이 필요할 때가 있습니다.
거실 옆 수납장의 한쪽 구석을 늘 비워두고 물건의 임시 보관 장소로 쓰고 있습니다. 방학이면 아이들이 학교에서 가지고 온 미술도구를 두는 곳으로도 사용합니다. 여유 공간을 만들어두면 방에 물건이 넘치는 일을 방지할 수 있습니다.

Master of Storage
09 / 10

사치 씨

가족 : 남편, 딸(11세), 아들(8세, 5세)   사는 곳 : 단독주택

【블로그】 IEbiyori http://iebiyori.blog.jp
【인스타그램】 iebiyori http://instagram.com/iebiyori

내 맘대로 수납은 NG,
가족이 모두 행복해지는 수납이 Good

인터넷을 보는 시간을 줄이고 넘쳐나는 정보를 스스로 제한하면
'정말 내가 좋아하는 물건인가', '이것이 있으면 나와 가족이 행복해지는가.'라는
판단기준을 더 꼼꼼하게 따질 수 있습니다. 그 결과 버리는 일 자체가 줄고
또 물건을 버릴 때도 역할을 다 해줘서 고맙다는 마음을 가지게 됩니다.

▶ 버리는 법
과잉 정보가 날아드는 현대. 정보를 많이 접하다보면 의지가 약한 저는 금세 흔들리곤 합니다. 그래서 정보를 너무 많이 접하지 않고 내가 정말 좋아하는 물건, 좋아하는 생활을 충분히 고민합니다. 그러면 저절로 버릴 물건이 명확해지는 느낌입니다.

▶ 수납하는 법
많은 물건을 가지고 있지만 잘 관리하기는 참 어려워요. 아이템별로 자리를 정해 사용의 편리함을 중시하고 있습니다. '이 수납으로 나와 가족 모두가 행복해진다'는 것이 대전제. 독선적인 수납이 되지 않도록 노력하고 있습니다.

거실
아이들이 가지고 오는
안내장은 앱으로 관리

Application

전에는 유치원이나 학교에서 가지고 오는 안내장을 사진으로 찍어 관리했지만 2년 쯤 전부터 안내장 관리 앱을 애용하고 있어요. 형제별로 나눌 수 있고 날짜별로 분류할 수도 있습니다. 게다가 알람으로 알려주어 잊어버리지 않습니다.

> 부엌

스피드를 중시한다면 주방은 넉넉한 수납이 최고

주방의 서랍을 여러 가지 조리 도구로 채워넣고 싶은 충동에 휩싸이기 쉽지요. 저도 전에는 서랍을 2개 정도로 대충 나눈 다음 여러 가지 물건을 막 집어 넣었어요. 그러나 조리는 스피드가 생명. 칸막이 하나에 아이템 하나를 수납하면 훨씬 빠른 요리가 가능해집니다.

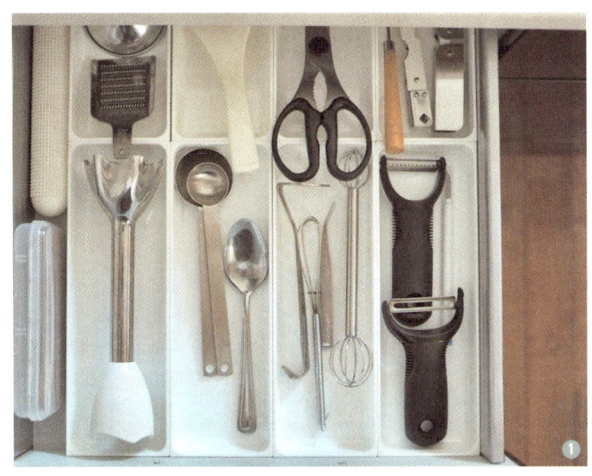

Kitchen

❶ 칸막이 하나에 아이템은 하나. 많아도 3개까지 개별 수납. ❷ 꿀처럼 흐르기 쉬운 것은 설거지가 편한 스테인리스 트레이에 올려놓습니다. ❸ 가스레인지 옆 향신료 랙. 향신료 병을 넣으면 안쪽까지 활용하지 못하므로 뒤집개와 젓가락 수납용으로 체인지. 길이도 딱 맞고 꺼내기도 쉽습니다.

| 옷장 | 봉 하나와 서랍 한 개가 옷 허용량

Closet

옷은 신경을 쓰지 않으면 점점 늘기 마련입니다. 그래서 용량을 엄격하게 제한하고 있어요. 부부가 각자 봉 하나 분량과 서랍 한 개 분량으로 제한. 수납을 늘리지 않고 정기적으로 재검토하며 관리하면 가지고 있는 옷을 늘리지 않게 됩니다. 아이들의 수납은 스스로 찾기 쉬우며 넣고 꺼내기 편한 것이 우선. 서랍 속에 100엔샵에서 구입한 케이스를 4개 넣고 티셔츠, 바지 등 카테고리별로 분류했습니다.

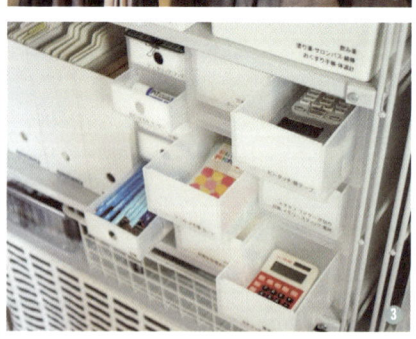

❶ 서랍 위에는 입었던 옷을 임시 보관하는 곳을 만들었습니다. ❷ 봄 여름 / 가을 겨울용 남편의 수트 등 한눈에 찾기 힘든 것은 케이블 클립을 이용해서 분류 ❸ 옷장 안의 잡동사니함. 꽤 세세하게 분류 수납을 하는데, 아이들은 '필기류를 찾다가 테이프가 나오면 금세 잊어버리고 놀러가기 때문'입니다. 물건을 바로 찾을 수 있도록 합니다. ❹ 아이가 한번 옷을 꺼내고 나면 아래위가 다 뒤집혀서 뒤죽박죽. 하지만 이렇게 해두면 아이들도 넣고 꺼내기 쉽답니다.

Oshiire

> 붙박이 벽장

색을 통일하여 보여주는 벽장 수납

손님용 이불은 IKEA의 수납주머니에 넣어둡니다. 밑판이 있어 쌓아올려도 잘 쓰러지지 않아 좋습니다. 벽장 하단은 장난감 보관 장소입니다. 놀러온 아이 친구들과 엄마들이 이곳을 들여다 보게 되는 일이 많지요. 그래서 반투명 서랍 앞면에 시트지를 붙여 가려주고 색을 통일해서 깔끔하게 보이도록 했어요.

> 서류

임시 보관함을 없애고 필요와 불필요를 즉시 판단

학교 안내장은 집에 돌아오자마자 팬트리 근처에서 바로 체크. 필기도구와 가위 등을 늘 준비해두고 필요한 것은 자석칠판에 붙이는 등 바로 처리합니다. 전에는 임시 보관함을 두었지만 자꾸 미루다 보면 쌓이기 일쑤여서 아예 없앴어요.

Papers

그 외의 서류
❶ 사용설명서처럼 스스로 필요한지 아닌지를 판단할 수 있는 것은 색인이 있는 폴더에.
❷ 주택관련이나 보험증권 등 평생 보관해야 하지만 자주 꺼내지 않는 것은 홀더에

Kid's Item

아이방 아이템

아이 방은 기분전환을 할 수 있도록 수납

놀이감과 공부할 것이 섞여있으면 공부할 시간이라도 놀이를 선택하기 마련입니다. 그래서 책상 근처 손에 닿는 곳에는 장난감을 놓지 않는 등 작은 수납 배려가 필요합니다.

수납을 통해 놀이, 공부, 등교 준비처럼 아이가 보내는 시간을 현명하게 구분할 수 있게 도울 수 있습니다. '여기에 가면 ○○를 할 수 있다'라고 한 가지에 집중할 수 있는 수납을 통해 아이의 동선도 깔끔해집니다.

❶ 거실 수납의 아래에 만든 그림책과 가정학습용 파일박스. 지금은 주로 거실에서 공부하고 있으므로 여기에 설치했습니다. ❷ 아이들의 방 책장에는 이전 교과서와 시험지 등을 보관. 학년이 바뀌면 필요없는 것은 처분합니다. ❸ 준비하기 편하도록 외출준비랙을 만들었습니다.

세탁

수제선반과 봉으로 밝고 개방감 있는 공간으로

세탁기 위의 데드 스페이스를 효율적으로 이용하고 싶어서 메탈 랙을 설치한 적도 있었지만 세면장의 유일한 창문을 가리는 형태가 되어 답답한 느낌이 들었습니다. 그래서 선반으로 바꾸니 밝고 시원스러운 느낌. 아이들이 걸레질을 담당하고 있어 선반 아래 봉에 걸려있는 청소세제도 꺼내기 쉽도록 수납.

선반 밑에 수건과 걸레를 수납할 랙을 설치.
사선으로 잘린 파일 박스의 앞쪽을 플라스틱 골판지로 막아 수납력을 높였습니다.

Laundry

자질구레한 물건

사용빈도와 용도에 따라 약상자 재검토

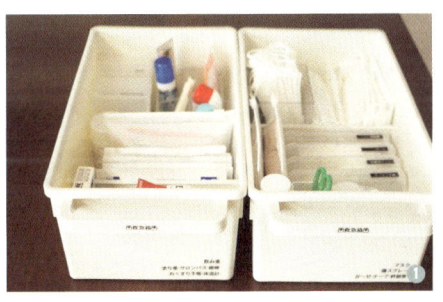

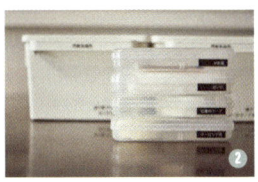

❶ 왼쪽이 내복약 종류, 오른쪽이 외용약 종류. 거즈와 붕대 등은 다이소 슬라이더 케이스에 들어있습니다 ❷ 테이프와 반창고, 작은 거즈 등 사용기한이 특별히 없는 것은 Seria의 수납 케이스에. 여닫기 쉽고 가격도 저렴해요.

Accessories

전에는 하나였던 약상자를 과감히 2개로 늘렸습니다. 한 상자에는 감기약과 같은 복용약을, 다른 상자에는 반창고와 같은 외용약으로 구분해서 넣었습니다.

그러자 한창 놀 나이인 아이가 있어서인지 치료 계열의 외용약 상자를 자주 사용한다는 것을 발견. 사용빈도로 나누면 급할 때 빨리 대응할 수 있습니다. 수납을 재검토하다보면 이렇게 새로운 발견을 할 수 있네요.

Master of Storage

10 / 10

ayako 씨

가족 : 남편, 아들(1세)　사는 곳 : 단독주택

【블로그】 konokoto http://2016feb21.tumblr.com
【인스타그램】 at.mame.guri https://www.instagram.com/at.mame.guri

생활과 가족의 변화에 맞춰
유연성 있는 수납

우리 집 수납은 선반이 있을 뿐. 수납 가구는 의상케이스뿐이에요.
가구 구입비도 줄일 수 있고 생활과 아이의 성장에 맞춰 유연하게 대응할 수
있다고 생각합니다. 가족의 습관과 동선, 버릇까지도 생각해서
무리할 필요없는 수납시스템을 만들어 가고 있습니다.

▶ 버리는 법
아무래도 버릴 결심이 서지 않는 물건은 고민하지 않고 재활용 수거일까지 다른 곳에 치워둡니다. 그리고 재활용 수거일 아침, 쓰레기를 내놓기 바로 직전 타이밍에서 마지막으로 생각을 정하고 특별한 일이 없으면 처분. 바쁜 아침이라면 이렇다 저렇다 미련을 갖고 생각할 여유가 없으니까요.

▶ 수납하는 법
원래 맞벌이로 가사에 시간을 내기 힘들었기 때문에 지속할 수 있는 수납이 목표입니다. 수납할 장소를 확보하면 그 속의 정돈까지는 신경 쓰지 않습니다. 라벨을 붙이지 않아도 내용물이 무엇인지 알 수 있도록 수납합니다.

카오스 상자
고민된다면 바로 판단하지 않고 시간을 둔다

가능하면 모든 것을 정확하게 수납하고 싶지만 손길이 미치지 않거나 판단할 수 없을 때도 있습니다. 그럴 때는 일단 카오스 상자에 넣어 두고 시간이 있을 때 천천히 판단합니다. 부부 각자의 추억의 물건, 결혼 전 시절 사진 등도 마찬가지로 카오스 상자에 집어넣습니다. 상자가 꽉 차면 필요 없는 물건부터 처분합니다.

"Chaos" Box

| 주방 | 자주 쓰는 것만 놓은
아름다운 주방

Kitchen

우리 집 싱크대에는 습기대책으로 문이 없습니다. 모두 오픈된 상태랍니다. '조금이라도 먼지가 쌓여 있는 물건은 필요 없는 것이다'라는 것이 우리 부부의 생각입니다. 왜냐하면 자주 쓰는 물건은 먼지가 앉을 틈이 없으니까요. 쓰지도 않는 물건의 먼지를 닦아야 할 정도라면 없는 것이 낫다고 생각합니다. 오픈되어 있어서 복잡해보이지만 보이지 않으면 내용물을 파악할 수 없으니까요.

❶ 이것저것 장식해서 보여주는 수납은 금세 먼지가 쌓여서 그만두었어요. 장식된 것은 매일 자주 사용하는 물건들뿐입니다. ❷ 매일 사용하지 않는 아이템은 작업대 아래에. 습기가 차지 않도록 스테인리스 바구니에 넣어둡니다. ❸ 자질구레한 것들은 바구니나 상자에 수납. 용기 통째로 씻을 수 있는 것이 좋습니다.

Chapter_01   61

작업실

가족의 성장에 맞추기 쉽도록 선반만으로 수납

우리 집에 큰 작업실이 있어요. 독서, 공부, 컴퓨터, 수예, 공작, 사무 등 작업을 원할 때 원하는 장소에서 할 수 있도록 합니다. 카운터 바로 아래의 작은 서랍에는 문방구와 디지털기기, 공작재료 등을 분류해서 수납. 가족 각각의 선반도 나뉘져 있어 아이가 조금 더 크면 전용 선반을 배당하여 스스로 관리할 수 있게 가르치려고 합니다.

Working Room

❶ 접근성이 좋은 정면은 장난감과 그림책을 수납. 아이가 크면 아이의 선반으로 쓸 예정. ❷ 작업 빈도가 높은 물건은 한곳에 모아서 세팅. 트레이째 꺼냈다가 트레이째 넣기 때문에 꺼낸 채로 방치될 위험이 적습니다.

Living Room

| 거실 | 아기용품은 쿠션 뒤쪽에 |

간단한 청소와 깔끔한 이미지를 위해 거실에는 최대한 물건을 놓지 않습니다. 지금은 작은 침대를 놓고 아이를 돌보고 수유 공간으로 사용 중. 여기에 올려놓은 쿠션 뒤 창가가 면봉과 손톱깎이, 거즈수건 등 아기용품의 위치. 쿠션으로 가려서 자질구레한 물건이 보이지 않아 깔끔합니다. 게다가 쿠션을 제자리에 가져다 놓는 좋은 습관까지 생겼어요.

수유할 때는 쿠션을 사용하므로 케어용품은 잡기 쉬운 상태로. 기저귀와 한번 갈아 입을 옷을 바구니에 넣어 침대 옆에.

| 종이 가방 | 위치를 정하기 전에는 일단 시험 수납 |

Paper Bag

이것은 'DVD가 늘어나는데, 아직 분류체계가 정해지지 않아, 어떻게 분류할지 방황하는 중'인 수납. 제자리와 분류가 정해지지 않았을 때 무작정 상자나 칸막이를 구입하면 실패하기 쉽습니다. 망설여지면 일단 크래프트지로 만든 갈색 종이 가방에 넣고 잠시 상황을 지켜봅니다. 크래프트 가방은 입구를 뒤집어 접으면 탄탄하게 고정되고 더러워지면 새로운 것으로 바꾸면 되니까 냉장고에서도 편리하게 사용할 수 있어요.

| 스툴 | 다용도 스툴이 있으면 편리 |

Stool

아이가 태어나고 밤에 움직일 일이 많아졌습니다. 그래서 침대 옆에 있는 스툴에 시계와 상야등을 올려두었어요. 자그마한 스툴이지만 앉는 면이 평평해서 소품을 놓을 수도 있고 거실에서 작은 테이블 대신 쓰기도 합니다. 물론 손님이 오면 의자로도 사용합니다. 심플해서 어떤 방에든 어울리기 때문에 여러 가지 용도로 사용할 수 있어요.

Washroom

| 세면장 | 상자 하나에 한 종류만 깔끔하게 수납 |

큰 서랍은 아무리 세세하게 잘 나눠놓아도 금세 뒤죽박죽 되어버립니다. 양말, 흰 속옷, 검정 속옷 등 한 상자에는 한 종류만 넣는 것으로 정하고 무인양품 케이스를 서랍 대신 사용하고 있습니다. 종류를 섞지 않으면 막 넣어도 정연하게 보이거든요. 전체적으로는 물건을 늘리지 않고 보기 좋게, 꺼내기 쉽게, 정체되지 않는 수납을 하려고 노력해요.

CHAPTER 02

공간별 수납 아이디어

Kitchen
주방
장식 수납

카운터 주방은 카페 스타일로

설탕 등은 병에 넣어 카운터 위의 유리케이스에. 앤티크 스타일 소품으로 장식하여 카페처럼 수납해보았습니다. 카운터 키친 아래 캐비닛과 상자는 대부분 무인양품에서 구입. 기능적인 동시에 깔끔하고 예뻐서 마음에 쏙 들어요.

TNK 씨

실용적이면서 사랑스러운 인테리어 소품 역할까지

선반에 올려놓은 물건은 정말 매일 사용하는 것들. 상단의 법랑에는 소금과 설탕, 오른쪽 끝의 바구니에는 일용품 재고가 들어있습니다. 가운데 칸은 너무나 사랑하는 커피 코너. 오픈장이지만 자주 사용하기 때문에 먼지가 쌓일 틈이 없어요.

우라 씨

오픈장은 잊어버리지 않는데도 효과적

주방 배면의 오픈 장. 지금은 초여름에 담근 매실주가 먹음직한 호박색으로 변하기 시작했어요. 깜빡해서 먹을 시기를 놓치기 쉽지만 오픈장에 두면 잊어버리는 것을 방지하는 실용적인 효과도 있습니다.

kao. 씨

우라 씨

배면 선반의 주인공은 빈티지한 작은 서랍

주방의 배면 선반에는 요리할 때 재빨리 사용할 젓가락이나 주걱, 조미료를 뜨는 스푼 등을 두었습니다. 일부러 장식 수납을 했다기보다 실용적인 물건을 필요에 의해 올려놓았더니 결과적으로 장식이 되었다고 해야 할까요. 소재나 색조를 맞추면 통일감이 생깁니다.

고즈에 씨

밀폐 유리항아리에 쌀 저장

쌀은 유리항아리에 담아 밥솥 옆에 둡니다. 파스타 등도 유리 용기에 보관하면 남은 양을 바로 체크할 수 있어 편리. 특히 쌀은 공기와 닿으면 마르고 냄새도 쉽게 배기 때문에 밀폐 유리항아리에 보관하면 좋아요.

meg 씨

계절에 따라 장식을 바꾸는 즐거움

예전에는 마음에 드는 물건을 깊숙한 곳에 소중히 넣어두었습니다. 이제는 소중한 물건을 늘 손이 닿는 곳에 두고 싶어요. 겨울에는 따뜻한 음료를 담을 물건, 여름에는 유리제품을 놓는 등 계절이나 기분에 따라 바꾸는 재미가 있습니다.

Kitchen
주방
식기장

흰색 그릇으로 깔끔하게 수납

원래 흰색 그릇을 좋아하기도 하지만 음식을 어떻게 담아도 맛있어 보이고 일식, 양식, 중식, 어떤 요리에도 어울려 편리합니다. 무엇보다 식기장에 올려놓기만 해도 통일감이 생겨서 좋습니다. 혹시 깨져서 그릇을 보충해야 할 때도 같은 물건이나 비슷한 것을 찾기 쉽습니다.

bota 씨

noi 씨 / 우라 씨

평소 사용하는 그릇도 너무 많지 않게

평소에 사용하는 그릇은 기본적으로는 이 식기장에 넣을 수 있는 분량만큼만 엄선하였습니다. 4인 가족이지만 이 정도면 충분하지 않을까요? 손님용과 계절 물건은 식기장 아래의 미닫이문 속에 수납하고 있습니다.

좋아하는 그릇은 세우는 수납으로

그릇을 무척 좋아해서 마음에 드는 것을 한 개씩 모으고 있어요. 힘든 것은 각각 다른 작가의 그릇이라 겹쳐서 쌓으면 불안정하다는 점. 그래서 무인양품 아크릴 클리어 스탠드를 활용해 세우는 수납을 합니다. 투명하기 때문에 깔끔하고 넣고 꺼내기도 편합니다.

ryoko 씨

그릇 위의 공간을
남겨 꺼내기 편하게

매일 사용하는 그릇은 오픈장에 넣어둡니다. 위아래를 너무 꽉 채우지 않고 선반 사이의 간격을 넉넉하게 남겨두는 것이 포인트. 저뿐만 아니라 남편이나 아이도 찾기 쉽고 안쪽에 있는 그릇도 넣고 빼기 편합니다.

mamu 씨

m, 씨

작가의 그릇은 매장처럼 진열

식기장은 한눈에 들어오면서 넣고 꺼내기 쉽게 정리합니다. 유일한 취미가 '그릇'이므로 작가의 식기도 많이 가지고 있는데 형태가 각각이라 수납하기 어려운 것이 많습니다. 공간을 넉넉하게 사용하여 매장 진열하듯 수납하였습니다.

좋아하는 그릇만 모아서
열 때 마다 행복감을 느껴

식기장 안쪽은 무인양품의 아크릴 칸막이 선반을 사용해 수납 양을 늘렸습니다. 조금 더 정리하고 싶지만 모두 사랑스러운 것뿐이라 도저히 더 이상 줄일 수가 없어요. 식기장의 문을 열 때 마다 행복해집니다.

Kitchen
주방

조리 도구 & 커트러리

mamu 씨

meg 씨

자주 쓰는 물건은 손이 바로 닿는 위치에

저는 어쨌든 귀찮은 것은 딱 질색이에요. 자주 사용하는 물건은 가까이! 허리를 구부리는 것은 싫다! 그래서 손을 뻗으면 바로 꺼낼 수 있는 배면수납장의 제일 위 서랍에 수납. 무인양품 케이스를 퍼즐처럼 맞춰서 최고의 배치를 모색합니다.

자주 쓰는 조리 도구는 가스레인지 주변에

매일매일 요리할 때 사용하는 계량컵, 스푼은 가스레인지 안쪽에 놓은 행주걸이에 걸어서 보관. 채망과 거품기 등의 조리 도구는 키친타월 홀더에 S자 고리를 걸어 매달아둡니다. 바로 사용할 수 있어 서랍에 넣는 것보다 편리합니다.

우라 씨

bota 씨

딱 맞는 사이즈의 칸막이 발견!

우리 집에는 커트러리를 넣을 서랍이 없어요. 그래서 오래된 작은 서랍을 커트러리함으로 사용하기로 했습니다. 여기 넣을 칸막이를 사려고 선반을 하나 꺼내 들고 찾아다녔습니다. 드디어 딱 맞는 사이즈를 발견했을 때는 마음 속으로 '야호'를 외쳤답니다.

수량을 줄여서 꺼내기 쉽게

주방에서 사용하는 자질구레한 물건의 수량을 최대 한 줄여 칸막이를 한 투명박스에 수납하고 있습니다. 오른쪽 아래에 있는 작은 상자는 다이소에서 구입한 것인데 뚜껑이 있어 싱크대 아래 서랍에 상하 2단으로 쌓아둘 수 있어 편리합니다.

eriko.mkm 씨

2인용 주방은 이만큼으로 충분

커트러리류는 스테인리스제 유닛 선반 속에 칸막이 트레이를 넣고 수납. 그 외에도 계량컵과 보울, 밧드 등의 조리 도구도 넣어두었어요. 심플. 미니멀한 생활에는 이 정도면 충분합니다.

akane.t 씨

커트러리 칸막이는 Seria에서 구입

커트러리를 종류별로 나눠두면 아이들도 쉽게 꺼낼 수 있습니다. 칸막이는 Seria의 커트러리 케이스. 아이 젓가락은 컬러풀하지만 귀여우니까 OK입니다.

tmko 도모카오 씨

아이도 꺼내기 쉽게 배치한다

커트러리와 조리할 때 사용하는 작은 접시 등. 커트러리 준비는 아이가 담당하고 있습니다. 아이가 잡기 쉽고 찾기 쉽도록 자주 사용하는 물건은 앞쪽 케이스에 모아둡니다.

meg 씨

문을 열었을 때의 설렘도 중요

붙박이 트레이를 과감히 처분하고 칸막이 판이 움직이는 무인양품의 데스크용 정리케이스를 사용하고 있습니다. 중앙에는 Seria의 소품통을 놓았어요. 뚜껑의 실버가 포인트가 되어 문을 연 순간 기분이 좋아집니다.

Kitchen
주방

냄비 & 프라이팬

akane.t 씨

압축봉을 이용해 냄비도 세워서 보관

미니사이즈의 압축봉을 이용해 냄비도 세워서 보관합니다. 가로로 쌓아두는 것보다 수납 공간은 더 필요하지만, 문을 열면 쉽게 꺼낼 수 있어 편해졌어요. 데드 스페이스에는 똑같이 압축봉으로 뚜껑보관대를 만들었어요.

수납의 상부에 있는 데드 스페이스에 압축봉 2개를 붙여서 냄비 뚜껑 보관 장소로. 냄비와 뚜껑을 동시에 꺼낼 수 있어서 편리.

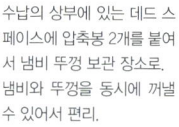

bota 씨

TNK 씨

최소한이지만 이것만 있어도 충분

서랍이 얕아서 냄비가 이만큼밖에 들어가지 않습니다. 하지만 4인 가족에게 충분하다고 생각해요. 물론 멋지다고 생각하는 냄비도 있지만 아직 사용할 수 있는 것을 버리면서까지 바꿀 필요는 없다고 생각합니다.

높이 조절이 가능한 랙이 편리

가스레인지 아래쪽에 쌀독을 두기 위해 붙박이 선반은 과감히 철거. 쌀독 옆에는 높이 조절이 가능한 랙을 설치했습니다. 큰 프라이팬이나 사용빈도가 낮은 찜기, 뚝배기, 튀김 전용 냄비 등 약간 무게가 있는 것을 수납하고 있습니다.

m.씨

무인양품 파일박스가 안성맞춤

냄비와 프라이팬, 보울, 밧드류는 전부 무인양품 파일박스를 이용하여 세워서 수납. 초봄에 파일박스로 수납법을 바꾸면서 냄비수를 줄였습니다. 지금 사용하는 냄비나 프라이팬은 포개서 수납할 수 있는 테팔이 많습니다.

파일 박스는 사선으로 잘려 있는 타입으로 앞쪽에 공간을 약간 남겨두면 꺼내기 쉽습니다.

마메요메 씨

akane 씨

프라이팬도 냄비도 모두 세워서 수납

보통 프라이팬은 세워서, 냄비는 가로로 수납합니다. 하지만 저는 모두 세워서 수납합니다. 프라이팬 손잡이 사이의 빈 공간에는 사용 빈도가 조금 낮은 조미료를 넣어두었어요.

일석이조 사선 수납

세워서 수납하기에는 높이가 미묘하게 모자랐어요. 그래서 프라이팬 거치대의 가이드를 조절해서 사선으로 수납해보았습니다. 세워서 수납하는 것처럼 꺼내기 쉽고 높이도 줄일 수 있어서 일석이조.

Kitchen
주방

냉장고(상단)

건강과 맛을 보장하는 수제 드레싱

건조식품, 분말, 파스타 등은 전부 냉장 보관합니다. 늘 채워두는 것은 폰즈 소스, 레몬즙, 남플라(Num Pla), 발사믹코 등의 조미료. 이것들을 섞어 드레싱도 직접 만들어요.

ARATA 씨

다이소 박스로 깔끔하게 정리

상단의 다이소 상자에는 치즈와 나또, 가다랑어포 등을, 둘째 칸에 있는 투명 박스에는 설탕, 소금, 밀가루 등의 가루류를 넣었습니다. 투명박스는 남은 양을 확인하기 쉽고 사용하기에도 편리합니다.

조미료는 다른 병에 옮겨 담아서 씁니다. 멋진 영어 라벨은 가족들의 불만이 커서 일본어로 바꿨습니다.

akane 씨

우유와 두유 팩은 컬러가 강해서 지저분해 보이지요. 그래서 저는 팩에 커버를 씌워둡니다.

음료병에 건조식품을 수납

디자인도 귀여운 캔두(CANDO)의 드링크 보틀에 건조식품을 수납하고 있습니다. 사용하기 편하고 디자인도 마음에 들어요. 냉장고 안은 드링크, 요구르트류, 버터와 치즈류, 낫또, 반찬 등으로 그룹을 나누고 각각을 바구니에 분류해서 수납합니다.

m. 씨

Chapter_02　74

고즈에 씨

meg 씨

'냉장고는 제2의 금고'라는 할머니의 가르침

주부가 매일 가장 많이 보는 곳이 냉장고. 할머니에게 '냉장고는 제2의 금고'라고 배웠습니다. 종류별로 케이스에 담고 간격을 일정하게 두면 보기 좋아요.

냄새가 잘 배지 않는 법랑을 애용

상단 왼쪽의 노다호로의 법랑 쌀겨절임통에는 된장을, 그 옆의 법랑용기에는 개봉한 향신료나 견과류를 수납. 법랑용기는 냄새도 잘 배지 않고 손질도 쉬워 음식을 보관하기 딱 좋습니다.

akane.t 씨

tmko도모카오 씨

바구니 수납으로 청소도 간단

냉장고 안은 다이소 바구니로 종류별로 분류한 다음, 직접 만든 라벨을 붙였습니다. 식품을 케이스에 넣는 것은 찬반양론이 있지만 깔끔해 보이고 냉장고가 더러워지는 것은 방지할 수 있어요.

아이템에 따라 바구니 높이를 바꿔서

조미료는 대부분 냉장고에 보관합니다. 병에 들어있는 것은 얕은 바구니에, 봉지에 들어있는 것은 쓰러지지 않도록 깊이가 있는 바구니에 세워서 수납.

Kitchen

주방
냉장고(하단)

우라 씨

채소칸에서 유용한 크래프트지 종이 가방

채소칸은 양파 껍질이 떨어지거나 흙이 떨어지는 등 더러워지기 쉬운 곳. 크래프트지로 만든 종이 가방과 다이소의 폴리프로필렌 케이스를 사용하면 정리가 쉬워져요. 채소는 세워서 수납하면 가장 신선도가 유지되므로 위에 있던 슬라이드 선반을 떼어내고 세로 공간을 확보했습니다. 앞쪽의 빈 공간은 배추나 양배추처럼 부피가 큰 채소를 놓는 장소입니다.

신문지로 제습, 보온, 냄새 제거까지

다이소의 채소 박스로 채소칸 개별 수납을 합니다. 세로로 자라던 채소는 최대한 세워서 수납. 양배추는 심을 도려내고 물에 적신 키친타월을 끼워 넣고, 무는 잎만 잘라내는 등 오래 보관하기 위해 기본 손질을 한 후 수납합니다. 채소칸 전면에 신문지를 깔면 냄새 제거, 제습, 보온 효과도 있어요.

고즈에 씨

슬라이드 선반에도 다이소 바구니로 칸막이를 만들어 채소별로 넣을 공간을 확보. 채소끼리 부딪쳐서 상처 나는 것을 막아줍니다.

Chapter_02 76

Kitchen

주방
상부장

TNK 씨

상부장은 손잡이 있는 바구니로 편리하게

지극히 평범한 100엔샵의 손잡이 달린 플라스틱 바구니를 활용한 수납입니다. 예전에는 외관을 중시해서 자연 소재의 바구니를 사용하거나 멋지게 라벨링을 했지만 '찾기 편하고 사용하기 편한'것을 최우선으로 생각하기로 했어요. 정말 쾌적합니다.

nozo 씨

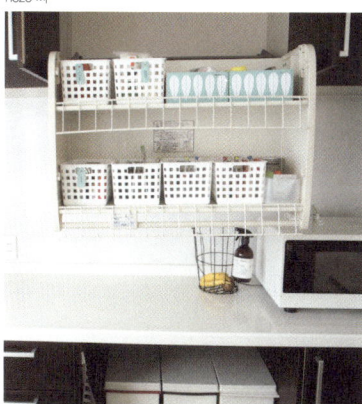

akane,t 씨

내용물이 살짝 보이게 수납

이동식 상부장에는 건조식품과 후리가케, 캔, 레토르트 식품 등을 100엔샵 케이스에 보관. 라벨을 붙여놓았지만 케이스 구멍 사이로 살짝 내용물이 보이므로 식품 저장에 딱 좋습니다.

세세하게 분류하고 정기적으로 점검

상단에는 케이크틀 등 사용 빈도가 낮은 물건과 설거지통을. 아래 단에는 다이소의 뚜껑 있는 케이스에 세세하게 분류하여 식품 재고 등을 수납했습니다. 케이스 속은 몇 개월에 한번 청소를 겸해 재검토합니다.

Kitchen

주방

서랍 수납(하단)

주방의 일용품은 상자 수납

슈퍼에서 받은 비닐봉지, 행주 등 주방에서 사용하는 일용품은 세세하게 분류하여 다이소 상자에 수납. 투명 비닐과 배수구용 망은 꺼내기 쉽고 깔끔하게 수납할 수 있는 전용 케이스에 넣었습니다.

akane,t 씨

하단에는 대부분 법랑 용기 수납

법랑 용기는 IH쿠킹히터에 다시 데워서 먹을 수 있으므로 조림 등을 보관하는데 좋아요. 도시락통 대신 쓰거나 케이크를 굽는 틀로 쓰는 등 여러 가지 용도로 사용할 수 있어요.

bota 씨

아오이 씨

가전도 흰색과 검정으로 통일

싱크대 아래 서랍은 다이소 케이스와 무인양품 칸막이를 이용해 세워서 수납했습니다. 상자 뿐 아니라 주방용품과 소형 가전도 가능한 흰색과 검정으로 맞추는 것이 포인트. 색만 통일해도 질서정연하게 보입니다.

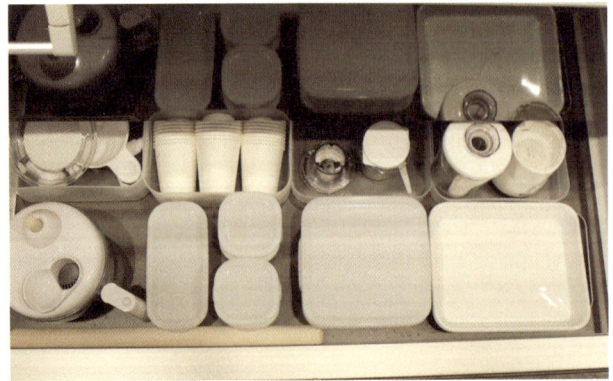

Kitchen

주방
싱크대 밑

고즈에 씨

군더더기 없는 수납을 목표로 시행착오 중

조금만 신경을 쓰지 않으면 뒤죽박죽되는 싱크대 밑. 우리 집은 미닫이 타입이라 공간은 충분하지만 군더더기 없이 수납한다는 것은 정말 어렵네요. 현재 상태는 무인양품 파일박스에 프라이팬을 세워서 수납하고 니토리의 적재 랙에 냄비를 수납.

우라 씨

tmko 도모카오 씨

싱크대 밑의 수납은 세라메이트 (CELLARMATE) 유리병

세라메이트의 유리병은 매실주를 담그려고 처음 구입. 사랑스러움과 편리함에 반해 사 모으기 시작. 어느새 이만큼이나 모아버렸네요. 내용물은 강아지 사료와 건조식품 등. 밀폐력이 좋아 습기가 차지 않고 위생적입니다.

싱크대 밑에는 자주 쓰는 냄비와 채망을 수납

가스레인지나 싱크대 아래는 채망이나 냄비 등 쓸 일이 많은 조리 도구 수납. 오픈 수납은 먼지가 쌓이기 쉽지만 생각났을 때 바로 청소할 수 있어요. 닫아놓는 수납보다 오히려 더러움이 쌓이지 않아요.

Kitchen

주방

식품 재고 & 조미료

nozo 씨

우라 씨

유통기한 체크가 쉬운 애니락

개봉한 식품 보관에는 바구니 끝에 걸 수 있는 애니락을 추천합니다. 클립 윗부분에 유통기한을 붙일 수 있어 유통기한을 쉽게 확인할 수 있어요. 후리가케류는 플라스틱 판을 잘라서 칸막이를 만들어 세워두면 꺼내기 쉬워요.

와인 상자에 바퀴를 달아 식품 저장

와인 상자에 바퀴를 달아서 직접 만든 수납 상자. 상자가 탄탄하므로 캔 등의 무거운 식품을 저장하는데 최적. 바퀴가 달려있어 쉽게 꺼낼 수 있어요. 100엔샵에서 구입한 폴리프로필렌 케이스를 넣어 칸막이를 만들었더니 깨끗하고 편리해요.

akane 씨

akane.t 씨

akane.t 씨

안경 & 잡화 케이스를 조미료 랙으로

서랍을 열고 닫을 때마다 조미료가 덜커덕거리는 것이 신경 쓰이더라고요. 그래서 무인양품의 안경 & 잡화 케이스의 서랍을 빼내고 이와키&코스트코 보틀을 넣었더니 딱 들어가네요. 2열로 넣어 조미료 랙으로 씁니다.

소스와 양념류는 무인양품 수납 캐리박스

식탁에서 사용하는 드레싱류와 요리에서 자주 쓰는 미역, 닭 육수 등은 무인양품 캐리박스에 넣어 수납. 이대로 꺼내서 식탁에 두었다가 다 사용한 다음 냉장고에 넣으면 되니까 편리해요.

건조식품 수납은 빵 케이스

건조식품이나 인스턴트 식품, 캔 수납에는 캔두의 빵 케이스를 애용합니다. 싱크대 아래 서랍에 높이도 자로 잰 듯 딱! 뚜껑 부분에 라벨을 붙이면 더 편리합니다.

Kitchen
주방

작은 물건은 모아서 수납

우라 씨

구급상자를 캐리 박스로 이용

이것은 무인양품의 구급상자. 깊이감이 있고 칸막이도 되어 있어 약 이외의 물건을 운반하는데도 좋습니다. 우리 집에서는 캠핑을 갈 때, 커피를 내릴 도구를 여기에 한데 모아서 가져갑니다. 야외에서 내려먹는 커피는 더 맛있어요.

bota 씨

도시락 관련 용품은 한데 모아서

도시락을 쌀 때는 시간 단축이 관건! 도시락 픽과 도시락 장식 칸막이 등의 아이템을 한곳에 모아 두면 한자리에서 작업을 할 수 있어요. 작은 케이스에 종류별로 나눠 두면 편리해요.

ARINKO 씨

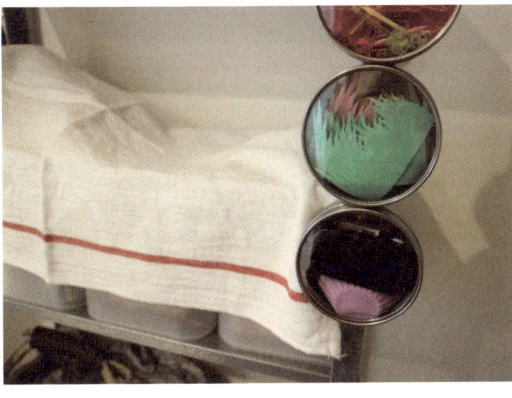

IKEA 자석용기에 도시락용품을 보관

도시락 픽이나 실리콘 컵, 도시락 장식 칸막이 등 도시락 아이템은 IKEA 자석용기에 넣은 다음 팬트리에 있는 랙에 딱 붙여서 수납. 내용물이 보여서 필요할 때 바로 쓰고 다시 제자리에 두기도 간단합니다.

Kitchen
주방

청소 도구

주방 청소 도구는 한곳에 모아서 보관

주방에서 자주 사용하는 청소 도구는 여기저기 놓지 않고 한군데 모아둡니다. 멜라민 스폰지와 제균 스프레이, 베이킹소다 등 다른 곳에서도 사용하는 것은 나누어 각각의 장소에 배치. '주방 청소 도구는 이 서랍을 열면 된다!'라는 상태를 만들어둡니다.

물 빠짐이 뛰어난 매다는 수납

전에는 싱크 볼 안의 수세미 걸이에 올려놓았어요. 하지만 싱크 볼 안은 물이 잘 튀는데다가 잘 마르지 않아 늘 잡균 번식이 걱정되었답니다. 매달아서 수납하니 통기성이 좋아 항상 마른 상태를 유지하게 되어 마음이 개운합니다. 압축봉을 이용해 티슈 등도 수납했어요.

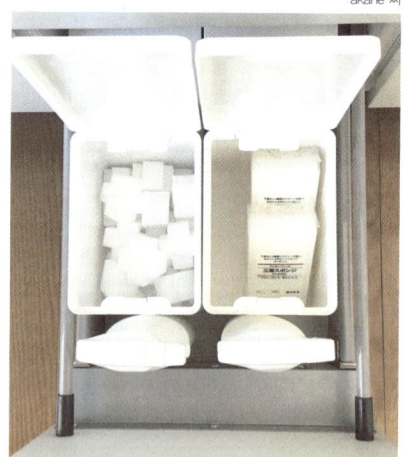

한손으로 열 수 있는 니토리 박스

멜라민 스펀지와 일반 스펀지를 넣어둔 상자는 니토리의 새니터리 박스입니다. 청소 중엔 한 손이 젖어 있는 경우가 많은데 한 손으로도 뚜껑을 열고 닫을 수 있는 정말 편리한 상품. 너무 마음에 들어서 주방뿐 아니라 세면대쪽 수납에도 활용 중입니다.

여러 종류의 물건 수납은 상자로 구분

아이의 물병과 조리 가전, 보관용기에 청소용품까지 각각의 물건을 한 서랍에 넣게 되었어요. 그래서 캔두의 상자를 칸막이 대신 사용하고 있습니다. 깊이가 깊은 편이라 섞여 있어도 크게 신경이 쓰이지 않습니다.

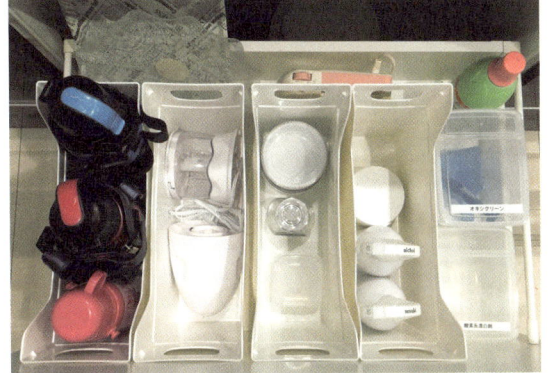

akane,t.씨

모양도 귀여운 브러시들

주방의 벽면에 간단 DIY로 봉을 달고 걸어서 수납. 글쎄 이 봉은 단돈 198엔! 제가 좋아하는 청소용품인 브러시들을 걸어두었습니다. 기능적이면서 귀엽고 사랑스러운 브러시들. 보고만 있어도 자꾸 웃음이 나와요.

bota씨

주방은 천연세제 애용

조리용품과 청소용품으로 구역을 나눈 다음, 다시 종류별로 박스를 나눕니다. 주방은 음식을 취급하는 장소이므로 천연세제를 씁니다. 싱크대, 가스레인지 주변, 식기세척기 청소에도 유용합니다.

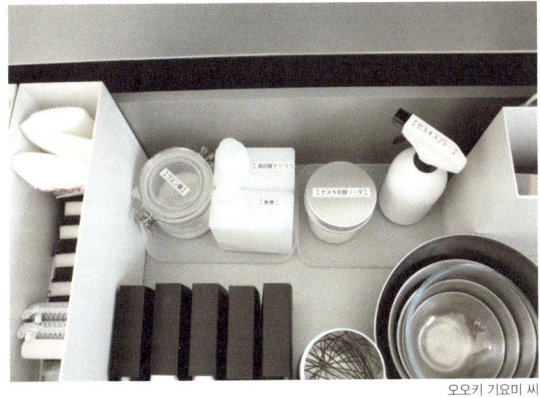

오오키 기요미 씨

Chapter_02

Kitchen
주방

행주 & 쓰레기봉투

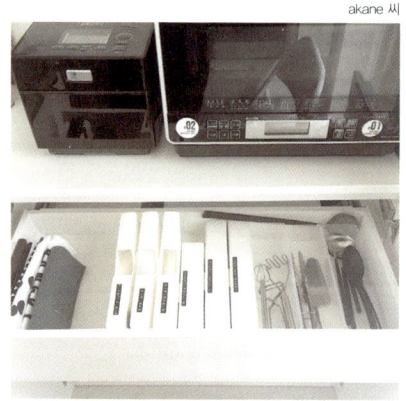
akane 씨

bota 씨

서랍에 딱 맞는 전용 케이스로

비닐봉지나 지퍼백 등은 접어 전용 케이스에 수납. 라쿠텐의 momn.o.tone에는 큰 쓰레기 봉투용과 검은 색상도 판매 중입니다. 세워놓고 위에서 뽑아 쓸 수 있어 편리하지만 겉 모양이 비슷해 라벨을 붙이는 것이 필수입니다.

철망 바구니에 담아 재고량 파악

주방 배면에 있는 오픈 선반은 컬러 박스입니다. '재고를 관리하려면 오픈하는 편이 파악하기 좋겠다'고 생각해서 이런 수납을 하게 되었어요. 선반 아래 부분의 데드 스페이스에는 300엔샵에서 산 와이어 랙을 끼워 랩과 행주를 수납했습니다.

아오이 씨

ARINKO 씨

비닐봉투는 접어서 케이스에

비닐봉투 수납은 어떻게 하고 계세요? 여러 가지 접는 법이 있지만 저는 작게 정사각형으로 접은 다음, 100샵에서 산 케이스에 넣어둡니다. 꺼내기 쉽고 아무렇게나 구겨 넣는 것보다 훨씬 깔끔해요.

좁은 틈을 활용하여 쓰레기 봉투 수납

원목 벤치를 2단 겹쳐서 주방 배면의 수납 선반으로 쓰고 있습니다. 벤치와 벤치를 겹치면 작은 틈이 생기는데 이 공간에 세리아(Seria)의 트레이를 넣었습니다. 쓰레기봉투를 수납하니 딱 들어맞네요.

직접 만드는 간단 쓰레기봉투 케이스

쓰레기봉투나 지퍼백 케이스는 직접 만들 수 있습니다. 우선 봉투가 들어있던 상자를 해체합니다. 클리어 파일을 펼쳐서 해체한 상자 모양대로 선을 그어 잘라냅니다. 글루건으로 붙이면 끝. 봉투를 꺼낼 수 있게 입구만 뚫어주면 투명 박스 완성입니다.

마메요메 씨

안쪽에 문짝용 고리를 붙인다

쓰레기봉투 등을 거는 문짝용 고리를 안쪽에 붙입니다. 거기에 비닐봉지를 매달아서 수납. 고리 윗면에는 롤 타입 쓰레기봉투를 올려 공간을 활용했습니다.

고즈에 씨

행주나 키친타월류는 쉽게 꺼낼 수 있게 수납

행주나 키친타월은 자주 쓰기 때문에 쉽게 꺼낼 수 있도록 2단으로 겹친 와이어 랙에 오픈 수납하고 있습니다. 행주 색까지 새하얗게 통일하면 더욱 깔끔해 보입니다.

TNK 씨

Part 01 버리는 법, 수납하는 법

정리를 하다가
나만의 정답을 발견

정리란 물건을 버리는 것이라고 생각했습니다. 하지만 몇 번씩 물건을 버리기만 하는 잘못된 정리를 반복하던 중에 '나에게 필요한 물건의 최소한의 양을 알 것', '물건에 대한 집착을 버릴 것'이라는 결론에 도달했습니다. 새로운 물건을 구입할 때마다 하나를 버리면 환경보호에 좋지 않지요. 그래서 정말 필요한 물건만 구입합니다.

ARATA씨

가족 : 남편, 아들(1세)
【블로그】덜렁이 주부의 미니멀라이프~ 뺄셈 생활~
http://ameblo.jp/kitchen-drunker-arata
【인스타그램】kitchen.drunker
http://www.instagram.com/kitchen.drunker

물건 정리는 하루에 끝내고
80%만 채워 수납합니다

물건을 정리할 때는 마음먹은 장소는 그 날 중에 끝냅니다. 다른 날로 미루면 판단이 둔해지고 우유부단해집니다. 특히 '비싼 물건이니까'라는 이유로 망설이지 않도록 주의하고 있습니다. 수납의 규칙은 사용하는 물건만 최소한으로 꺼내놓고 80% 수납하는 것입니다. 수납용품은 흰색으로 맞추고 가족 모두가 물건의 위치를 파악할 수 있도록 전부 라벨을 붙였습니다.

akane 씨

가족 : 남편, 딸(17세), 아들(14세)
사는 곳 : 단독주택
【블로그】A+organize
http://ameblo.jp/hanasora7162625
【인스타그램】a.organize
http://www.instagram.com/a.organize

망설여질 때는 '뭐든지 상자' 활용
수납 고수의 비결입니다

버리기 망설여지는 물건은 일단 '뭐든지 상자'에 넣고 있어요. 시간을 두면 마음이 정리되어 버릴 수 있게 되거든요. 이후에는 결단이 중요합니다. 그냥 버리기만 하는 것이 아니라 지금 가진 물건을 어떻게 잘 이용할 것인지도 늘 염두에 둡니다.
각 방과 공간별로 인테리어 테마를 정하거나 필요한 물건을 편하게 사용할 수 있도록 수납법을 궁리하는 것이 무척 즐겁습니다.

ARINKO 씨

가족 : 남편, 딸(4세)
사는 곳 : 단독주택
【인스타그램】arinkomei
http://www.instagram.com/arinkomei

아이도 쉽게 알 수 있도록
라벨 작업을 합니다

전에는 수납과 정리정돈을 하는 법을 전혀 몰랐어요. 하지만 집을 건축하면서 많은 사람들의 블로그와 책을 읽고 평생 살 집이니까 '수납은 가장 깔끔해 보이는 흰색으로 정하자'고 마음먹었습니다. 아이가 3명이라 가족 공용장소의 수납케이스에는 간단한 라벨을 붙여서 찾기 쉽게 만들었어요. 라벨을 붙여두니 꺼낸 물건을 제자리에 돌려놓는 것이 습관화되어 집이 항상 깨끗하게 유지되고 있답니다.

akane.t 씨

가족 : 남편, 아들(13세, 11세), 딸(4세)
사는 곳 : 단독주택
【인스타그램】akane.920
http://www.instagram.com/akane.920

사용할 때 기분이 좋아지는
도구를 고른다

집은 가족이 편하게 쉬는 공간과 동시에 저의 일터입니다. 그러니까 제가 지내기 편한 공간을 만들고 제가 집안일을 하기 편하게 물건의 제자리를 정해두었어요. 그 결과, 시간을 느긋하게 보낼 수 있게 되었습니다. 새롭게 무언가를 사야할 때는 '얼마 지나지 않아 질리거나 처분하게 될 물건인가', '몇 십 년 이상 쓰고 싶은 물건인가'를 생각합니다.

kao. 씨

가족 : 남편, 딸(9세), 아들(4세)
사는 곳 : 단독주택
【인스타그램】 kao_kurashi
http://www.instagram.com/
kao_kurashi

아름다운 생활을 꿈꾸며
수납에 대해 공부한다

심플한 생활을 하는 분들을 동경하며 수납법을 독학했습니다. 버릴 때의 규칙은 '지금 필요한가 필요하지 않은가' 입니다. 옷뿐만 아니라 한 계절 동안 사용하지 않은 물건은 과감히 처분하고 있습니다. 수납에서 중요한 것은 물건의 제자리를 정해두는 것입니다. 또 그 위치가 정말 사용하기 편한 장소인가에 대해 고민합니다. 특히 물건이 넘치는 주방 수납은 깔끔하게 보이도록 색상과 소재를 맞추려고 합니다.

bota 씨

가족 : 남편, 딸(21세), 아들(18세)
사는 곳 : 단독주택
【인스타그램】 ta___kurashi
http://www.instagram.com/]ta___
kurashi

80% 수납으로
'속까지 아름다운 수납'이 가능

수납에 흥미를 가지기 시작하고 '속까지 아름다운 수납'을 추구하게 되었습니다. 수납은 가능한 70~80% 정도로 채울 것. 찬장 등을 열었을 때, 안을 보아도 깔끔하도록 통일감있게 수납합니다. 쇼핑의 규칙은 '한눈에 반해서 구입하지 않는 것'입니다. 흥분해서 바로 사고 싶어져도 몇 년 뒤까지 사용할 물건인지 상상하며 심사숙고 합니다.

m. 씨

가족 : 남편
사는 곳 : 단독주택
【인스타그램】 _____7hm7_____
http://www.instagram.com/
_____7hm7_____

신중한 구매와 버리기로
심플라이프를 유지한다

'감추는 수납'을 해서 당장은 집이 깔끔해보여도 꺼내기 힘들다면 의미가 없다는 것을 깨달았습니다. 또, 물건을 처분할 때는 '1년 사용하지 않으면 버린다'는 규칙을 반드시 지키고 있습니다. 구입할 때는 '수납할 공간은 없지만 꼭 사고 싶은 물건이 있다면 현재 있는 물건을 처분한 후에 산다'는 규칙도 지킵니다. 이것만 지킨다면 물건이 대책 없이 늘어날 일은 없습니다.

eriko.mkm 씨

가족 : 남편
사는 곳 : 단독주택
【인스타그램】 eriko.mkm
http://www.instagram.com/
eriko.mkm

Part 01

환경과 아이들의 성장에 따라 유연한 수납

수납아이템은 이곳저곳에서 돌려쓸 수 있고 사용하지 않을 때는 접어놓을 수 있는 것을 선택. 동선을 최소한으로 줄이는 수납을 위해 고민을 하고 있습니다. 특히 충전과 배선 등 제가 귀찮게 생각하는 것일수록 수납의 시스템을 만듭니다. 작은 아이디어로 매일의 집안일을 즐기고 싶어요.
지금은 아직 아이들이 어리기 때문에 생활환경과 아이들의 성장에 맞춰 수납도 변화하고 발전해나가기를 기대하고 있습니다.

misa 씨

가족 : 남편, 아들(5세, 3세)
사는 곳 : 아파트
【인스타그램】 ruutu73
http://www.instagram.com/ruutu73

수납의 본질에 대해 재고하여 변화

수납이란 '물건을 그저 깔끔하게 놓아두거나 잘 집어넣는 것'이 아니라 '어디에 무엇을 둘 것인가'가 중요하다는 것을 깨달았습니다. 버릴 때의 고생과 죄책감을 기억해두면 다음부터 무턱대고 사지 않게 됩니다. 그래서 '언젠가 쓸지도 몰라'라고 생각하는 물건이나 '이건 무척 비쌌어. 다이어트에 성공하면 입을 거야.'라는 이유로 옷을 남겨두지 않습니다.

mamu 씨

가족 : 남편, 딸(7세)
사는 곳 : 아파트
【인스타그램】 mamu035
http://www.instagram.com/mamu035

화이트, 법랑, 공예품, 알루미늄으로 통일한 따뜻한 집

가구색의 통일을 중요하게 생각합니다. 기본은 화이트와 법랑과 공예품. 거기에 포인트로 양철과 알루미늄을 가미합니다. 너무 질서 정연하게만 보이지 않고 집의 따뜻함도 풍기고 싶어요. 물건을 살 때는 '어디에 둘 것인가',' 언제 사용할 것인가'를 반드시 생각하고 구입. 예를 들어 그릇이라면 '시리얼을 먹을 때 사용하고 싶다'라는 식으로 구체적으로 떠올립니다.

meg 씨

가족 : 남편, 아들(13세, 11세)
사는 곳 : 아파트
【인스타그램】 brooch.m
http://instagram.com/brooch.m

Closet
옷장

ryoko 씨

옷 개수를 줄이면 계절마다 옷장 정리를 할 필요가 없다

제 옷장입니다. 옷봉에는 왼쪽부터 그 계절에 자주 입는 것으로 스커트, 블라우스, 원피스 순서로 걸어두었습니다. 서랍에는 티셔츠와 스웨터, 타이즈와 하의를 수납. 한번 입고 바로 빨지 않는 하의는 수납 케이스 위에 접어서 놓습니다. 오른쪽 아래의 수납 케이스 속에는 큰 가방과 스톨 종류가 들어있지요. 계절마다 옷장 정리를 할 필요가 없는, 이것이 전부인 옷장입니다.

에코백과 마리메코(Marimekko) 토트백처럼 스스로 서지 못하는 작은 가방은 아틀리에 페네로프(ateliers PENELOPE)의 실린더 백에 담아 수납합니다.

Closet
옷장

지지대가 있는 T자형 압축봉의 우수성

벽장에는 T자형 압축봉을 설치. 남편의 옷을 걸어두는데 한가운데에 지지하는 봉이 있어서 내구성이 좋습니다.

마주 보는 오른쪽은 티셔츠와 겉옷 구역, 왼쪽은 와이셔츠 구역이랍니다. 세탁한 셔츠는 개지 않고 이곳에 바로 걸어둡니다. 하단 오른쪽의 무인양품 박스에는 바지와 자질구레한 물건 등을 수납. 하단의 왼쪽 끝에 있는 것은 액세서리 함입니다.

고즈에 씨

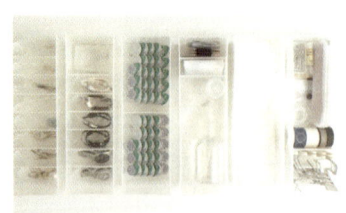

서랍 속에 세세한 칸막이 판을 넣고 액세서리를 하나 하나 세워서 찾기 편하게 수납해두었습니다.

akane 씨

어른과 아이옷을
옷걸이 색으로 분류

옷장의 옷걸이는 코스트코의 미끄럼방지 옷걸이로 통일. 50개 들이가 1400엔 정도인데 정말 제 값을 하는 물건입니다. 색깔은 검정과 베이지가 있어서 어른과 아들은 검정, 딸은 베이지로 구분했습니다.

옷을 티셔츠, 스웨터 등의 아이템별로 나눈 다음, 각각을 다시 색깔별로 그러데이션이 되게 걸어둡니다. 이렇게 하면 색깔로 고르는 것과 아이템으로 고르는 것, 둘 다 가능하기 때문에 무척 편리합니다.

IKEA 케이스에는 수영복이나 스키복 같은 계절의류와 손님용 이불 등을 수납하여 랙 상단에. 현관에 안 들어가는 사용 빈도가 낮은 신발도 IKEA 케이스에 넣어두었습니다.

Closet
옷장

오른쪽 위는 아들방 옷장. 스스로 관리하도록 합니다.
필요없는 물건은 스스로 판단하여 처분하기 때문에
제가 편해졌어요

그러데이션 수납으로
같은 컬러 옷의 중복 구매 방지

미니멀리스트의 깔끔한 생활을 동경하며 과감하게
옷을 정리했습니다. 그래도 추억이 있는 옷은 남겨
두는 느슨한 정리입니다. 옷걸이를 통일하고 그러데
이션이 되도록 걸어두면 비슷한 색을 무심코 또 사
는 중복 구매를 막을 수 있어요. 자주 입는 데님과
모자는 벽면에 고리를 달아서 수납. 바구니에는 머
플러나 장갑 등 계절 소품을 넣어둡니다.

bota 씨

mamu 씨

아이 옷은
옷걸이 수납이 베스트

우리 집은 계절마다 옷장 정리를 하지 않고 계절에 따라 옷의 위치만 옮깁니다. 아이 옷은 옷걸이 수납. 전에는 서랍에 개서 수납했지만 아무리 옷을 세워서 수납하여 꺼내기 쉽게 만들어줘도 아이가 쓰고 나면 뒤죽박죽되기 일쑤! 그 때마다 다시 정리를 했답니다.
그래서 옷걸이 수납으로 바꿨더니 스트레스가 사라졌습니다. 아이들 눈높이에 맞췄더니 혼자서 옷을 고르기 편하다고 합니다.

안쪽 랙에는 사용설명서나 서류, 연하장 등 자질구레한 것을 수납. 무거운 물건은 하단에, 가벼운 물건을 상단에 놓습니다.

Closet

noi 씨

가족 모두의 옷을 통합하여 수납

나중에 아이 방으로 쓸 예정인 공간에는 수납선반과 옷장이 없습니다. 그래서 2층 수납은 전부 이 옷방에 집약되어 있지요. 공간이 제한되어 있어 저와 남편, 둘 다 옷을 좋아하지만 이 PP케이스와 랙에 들어갈 정도로 유지한다는 것이 우리 집 규칙입니다.
가족 모두의 옷을 수납하기 때문에 관리하기 좋도록 앞쪽부터 딸들, 저, 남편으로 구역을 나눠두었습니다.

옷방의 왼쪽이 옷, 오른쪽에는 중요 서류 등을 보관. 소나무제 선반에는 봉제도구와 평소에 거의 사용하지 않는 자질구레한 것을 보관합니다. 계절이 바뀔 때마다 더 이상 입지 않는 딸의 옷은 재빨리 인터넷 중고 사이트에 올립니다.

akane.t 씨

그러데이션으로
걸어놓는 것이 포인트

옷을 너무나 좋아해서 정기적으로 정리를 하지만 그래도 양이 많아 옷걸이를 같은 것으로 맞춰서 통일했어요. 옷을 아이템별로 분류한 다음, 그러데이션해서 걸면 수량이 많아도 깔끔해 보입니다. 위쪽 선반은 아우터 이외 철 지난 옷을 넣는 정리함. 니토리의 인박스에는 정장용 가방과 소품류를 수납. 먼지가 쌓이기 쉽기 때문에 뚜껑이 있는 케이스를 골랐습니다.

아래 서랍에는 속옷과 양말, 잠옷 등을 수납. 여기에 바퀴를 달아 청소하기 편하게 했습니다.

모자는 매장 느낌으로
디스플레이

모자는 IKEA의 고리를 랙 정면에 해당하는 벽에 붙여 매장처럼 디스플레이했습니다. 벽의 약간 높은 위치에 붙여놓으면 더 깔끔해 보입니다.

Sanitary
물 쓰는 곳

세면대 캐비닛

akane 씨

모노톤 용기로 통일감을 준다

모노톤 화장품은 그대로 두지만 다른 색은 100엔샵에서 산 리필 통에 옮겨 담고 라벨도 바꿔 붙여서 통일감을 주었습니다.

ryoko 씨

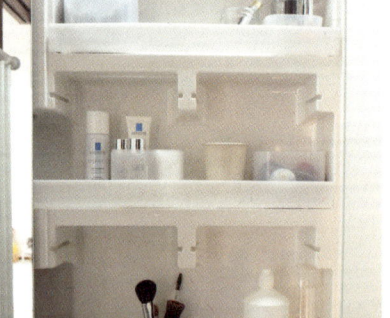
nozo 씨

더욱 아이디어가 필요해요

상단은 남편 물건으로 안경&콘택트렌즈용품과 헤어 왁스 등. 하단은 제 화장품과 선크림, 핸드크림, 그리고 치약. 분류케이스는 다이소에서 구입했습니다. 다른 미니멀리스트들의 아이디어가 반짝이는 수납을 보면 바꾸고 싶어집니다.

화장품은 가능한 소용량으로 구입

캐비닛 안은 사용 빈도가 높은 물건을 아래에, 사용 빈도가 낮은 물건을 위에 배치하고 있습니다. 세면대 안에서 가장 공간을 많이 차지하는 것이 제 화장품. 아주 작은 캐비닛이라 화장품 등은 가급적 소용량으로 구입. 한정된 공간을 알뜰하게 쓰기 위해 노력합니다.

mamu 씨

akane.t 씨

사각지대에는 청소용품을

드라이어로 머리를 말리면서 세면대 청소, 나갈 준비를 하면서 바닥 닦기처럼 '하는 김에 청소'를 실천하고 있어요. 그러다보니 손닿는 곳에 청소 도구가 있으면 좋겠더라고요. 그래서 세면대 사각지대에 압축봉을 달고 청소 도구를 걸었어요.

거울 뒷면에는 딸의 헤어 액서서리를 수납

삼면거울 안에는 다이소에서 산 칫솔꽂이에 칫솔을 수납. 거울 뒷면에는 벽걸이 주머니를 이용, 딸의 헤어 액서서리를 수납. 양이 많아도 찾기 쉬워요.

m. 씨

bota 씨

컬러가 강한 치약에는 라미네이트 접착 필름을 부착

세면대 캐비닛 안은 주로 스킨케어와 헤어케어 용품이 놓여있습니다. 트레이 대신 놓은 접시에 액세서리 일시 보관 장소와 치약을 수납. 패키지가 화려한 치약은 라미네이트 접착 필름을 붙여서 심플하게.

아이 전용 상자를 만들어 놓는다

세면대 캐비닛 가장 아래에 아이 전용 상자를 두고 아이가 스스로 관리하도록 합니다. 아래에서 2번째 칸은 강아지용품을 두는 곳. 상단에는 그 외의 재고품들을 둡니다.

Sanitary
물 쓰는 곳
세면대 아래

재고는 파일박스로 감춘다

세면장은 흰색을 고집하고 있습니다. 그랬더니 청소용 세제나 바디클린저, 핸드숍 등의 용기가 너무 눈에 튀고 거슬립니다. 본체는 따로 구입한 흰색 용기에 옮겨 담아 사용하지만 재고품은 패키지 상태로 있으므로 파일박스에 넣어서 감추는 수납을 합니다.

akane.t 씨

베이킹소다와 구연산 등도 투명케이스에 옮겨 담습니다. 컬러풀한 아이템은 박스에 넣기만 해도 깔끔해 보여요.

마메요메 씨

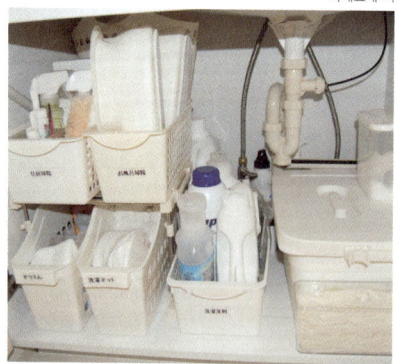

misa 씨

욕실 청소 용품도 세면대 아래에 둔다

욕조에 몸을 담그고 있을 때 청소 도구가 보이면 마음이 불편해집니다. 당장이라도 청소를 시작하고 싶어지거든요. 그래서 욕실 청소 도구를 세면대 아래에 수납. 욕실용, 세탁용으로 나누어 수납하고, 필요한 바구니를 꺼내서 사용합니다.

파일박스에 포개 넣는다

무인양품 할인 주간에 구입한 수납 캐리 박스. 수납함으로 많이 사용하는 파일박스에 딱 맞게 포개지기 때문에 싱크대 밑에서 쓰기 위해 구매했어요. 그대로 꺼내서 옮길 수 있어서 편리합니다.

오오키 기요미 씨

감추는 것보다
사용하기 편한 것이 우선

남편과 아이들이 사용하는 샴푸, 제가 사용하는 샴푸, 바디클린저의 재고를 무인양품의 아크릴 스탠드에 수납. 불안정한 리필용 패키지지만 쓰러지지 않습니다. 겉보기를 생각해서 숨기는 수납을 생각하기도 했지만 문을 열면 바로 꺼낼 수 있어서 편하게 사용합니다.

한쪽 문만 열어도
넣고 꺼낼 수 있도록

매일 쓰는 세제는 왼쪽의 니토리 파일박스에, 오른쪽의 무인양품 PP케이스에는 일용품 재고를 수납. 오른쪽 문을 열면 PP케이스, 왼쪽 문을 열면 파일박스에 넣은 물건을 꺼낼 수 있도록 배치했습니다.

파일박스에는 대용량의 세제를 넣고 무인양품 케이스에는 일용품 재고를 옆으로 뉘어서 넣습니다.

고즈에 씨

kao. 씨

하라다 히로미 씨

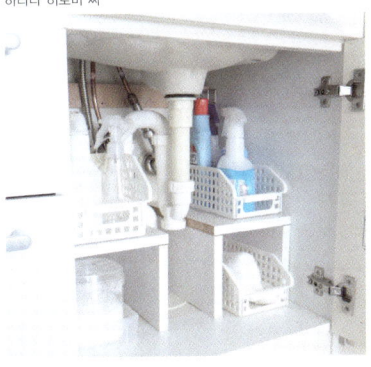

머리끈은 아이의 시선보다 낮게

세면대 아래에는 콘택트렌즈용품과 예비 칫솔, 여분의 세탁세제 등 자잘한 일용품을 수납. 문 뒷면에 고리를 달고 아이용 머리끈을 걸어 놓습니다. 혼자 꺼내서 사용할 수 있어 편리해요.

배수관을 피해서 공간을
효율적으로 이용

판자를 연결하는 간단 DIY로 선반을 만들어 2단으로 수납했습니다. 100엔샵의 트레이에 넣어두면 당겨서 안쪽의 물건을 꺼내기 쉬워집니다.

Sanitary

물 쓰는 곳
세면대

TNK 씨

높이와 폭이 딱 맞는 무인양품의 틈새수납장

세면대와 세탁기 사이의 틈새 수납에 무인양품의 스토커를 사용하고 있습니다. 1번째 단에는 티슈, 2, 3번째 단에는 옷걸이나 세탁용품을 넣어둡니다. 꺼내놓으면 눈에 띄기 마련인 티슈도 서랍에 넣어두니 깔끔하네요.

mamu 씨

meg 씨

생활 스타일에 따라 변화하는 세면대

아파트를 리노베이션할 때 전부터 꿈꿔왔던 모자이크 타일 세면대를 설치했습니다. 아래 부분은 오픈장으로 생활 스타일에 맞춰서 자유롭게 바꿀 수 있다는 것이 포인트. 가장 앞쪽의 흰색 트레이는 목욕용 장난감을 말리는데 씁니다.

마음에 쏙 드는 세면대

건축 전에 계약을 했기 때문에 IKEA의 세면대를 직접 달았습니다. 잡지 파일을 이용해 남편과 저의 외출 준비물, 아이를 돌볼 때 필요한 용품 등으로 분류해서 수납하고 있습니다.

Sanitary
물 쓰는 곳
세면장 선반

오오키 기요미 씨

수납력이 뛰어난 붙박이 선반에 감사

드레싱룸 겸 세면장은 수납할 곳은 적지만 사실 수납하고 싶은 물건은 많은 장소입니다. 그래서 고민 끝에 붙박이 선반을 주문해 달았어요. 왼쪽엔 세제, 세탁용품 등을 수납하고 오른쪽에는 수건과 잠옷 등을 넣어둡니다.

아오이 씨

깔끔함을 보장하는 화이트의 마법

선반을 추가해 수납력을 높인 오픈 선반. 수납케이스에는 갈아입을 옷과 잠옷을 넣어두었습니다. 상단에는 분말세제, 하단에는 샴푸 종류의 재고와 청소도구가 들어있습니다. 화려하고 지저분해 보이는 세제도 흰색으로 통일하면 깔끔!

nozo 씨

수건 종류와 세탁용품을 수납

바로 꺼낼 수 있도록 라탄바구니에 목욕수건을 담아 선반 가운데 칸에 두었습니다. 상단은 여분의 세제, 선반 밑에 있는 무인양품 서랍에는 옷걸이와 여분의 수건을 수납. 너무 깊으면 뒤섞이기 쉬우므로 수건을 넣을 때는 깊이 18cm 정도가 적당.

Sanitary
물 쓰는 곳
세탁용품

bota 씨

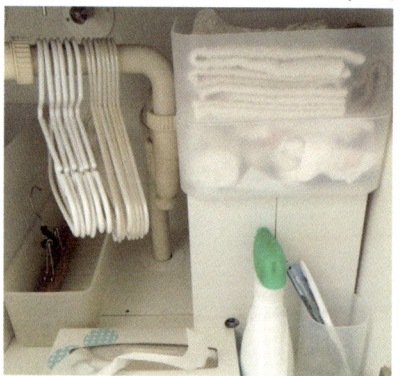

ryoko 씨

배수관에 옷걸이를 걸어서 보관

우리 집 세면대의 배수관은 L자로 구부러져 있습니다. 이곳을 뭔가 유용하게 쓸 수 없을까 고민하다가 답을 찾았습니다. 바로 세탁용 옷걸이를 걸어두는 곳. 빨래를 걷은 후 다시 이곳에 옷걸이를 가져다 놓습니다.

나무상자와 판자로 DIY한 가사 공간

안 쓰는 나무 상자를 쌓고 그 위에 집에 있던 낡은 목재판을 올려 침실의 한 구석을 가사 공간으로 꾸몄습니다. 바로 옆에 베란다가 있어 세탁물은 여기까지 옮긴 다음, 옷걸이에 겁니다. 그리고 걷은 다음엔 이곳에서 개서 각자에게 전달합니다.

meg 씨

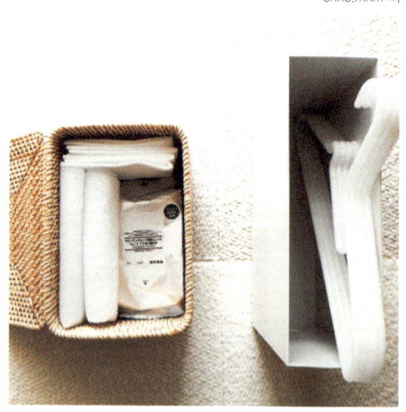

eriko.mkm 씨

푹 빠져버린 귀여운 빨래판

나무로 만든 빨래판은 보기에도 사랑스럽고 아이들 양말도 하얗게 비벼 빨 수 있어 애용합니다. 와이어 바구니에 액체 세제와 드라이용 세제를 함께 담아서 보관합니다. 화장수용 스프레이는 물을 넣어 다림질용 분무기로 사용하고 있습니다.

옷걸이는 무인양품 파일박스에

무인양품 파일박스에 세탁용 옷걸이를 수납해두었습니다. 비스듬히 넣어두면 꺼낼 때 편합니다. 라탄바구니에는 청소용 소모품 등을 수납.

Chapter_02 102

Sanitary
물 쓰는 곳
세탁기 위의 공간

bota 씨

akane.t 씨

세탁기 위에 DIY로 선반을 설치
세면장은 전부 흰색을 고집하고 있습니다. 세탁기 위의 빈 공간에는 DIY로 선반을 달고 세탁용 세제를 올려놓았습니다. 세제도 새하얀 용기에 옮겨 담아서 수납.

장식 선반풍 수납으로 상쾌하게
다른 방에서 사용했던 상자 2개를 벽면에 걸어서 장식장을 만들었습니다. 바닥판에 봉을 달고 세탁&청소용품을 걸어서 수납. 대야는 프레디랙 제품입니다.

noi 씨

akane 씨

청소와 세탁용품을 선반에
세탁기 위의 데드 스페이스에 무인양품의 유닛 선반을 설치. 세면공간에서 사용하는 물건, 청소 용구, 세탁용품부터 화장품과 수건까지 모두 모아서 수납할 수 있게 되었습니다. 이 선반 하나로 인해 수납력이 상당히 높아졌어요.

창틀에 IKEA 선반 달기
창틀에 맞게 IKEA 선반을 달았습니다. 어느 정도의 무게를 견디는지 걱정이었지만 5개의 세탁세제와 기타 세제 용기를 올려두어도 괜찮았습니다. 창으로 햇빛이 들어오면 더욱 산뜻한 공간이 됩니다.

Sanitary
물 쓰는 곳
청소 도구

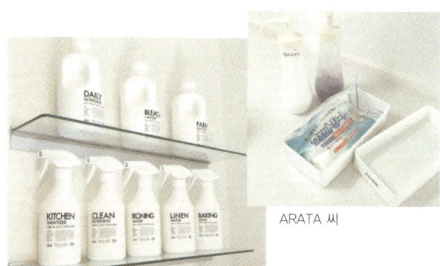

ARATA 씨

meg 씨

세스퀴 탄산나트륨 분말은 구멍있는 조미료통에

선반 상단은 세탁세제, 하단은 청소용 스프레이를 수납. 전부 라쿠텐의 mono.o.tone에서 구입한 병에 옮겨 담은 것입니다. 집안 청소에 사용하는 세스퀴 탄산나트륨은 100엔샵에서 산 구멍이 있는 조미료 통에 옮겨 담으면 무척 편리합니다.

라벨을 전부 제거하여 깔끔하게

싱크대 주변 청소에 사용하는 물품들을 알루미늄 트레이에 모아두었습니다. 의자 등받이에 올려놓은 것은 베이킹소다 스프레이. 청소 도구는 거의 저 혼자 쓰기 때문에 라벨도 제거해버렸습니다. 더욱 깔끔해진 느낌입니다.

아오이 씨

우라 씨

다이소의 코지오(kozio) 스타일 케이스가 최고!

우리 집 청소 도구는 다이소에서 구입한 코지오 스타일 케이스에 수납. 두 가지 사이즈고 인기가 많아 금세 품절되기 때문에 샵에서 발견하면 무조건 구입. 청소할 때 꼭 필요한 베이킹소다는 100엔샵의 분무기에 담아서 씁니다.

청소 도구지만 보여주는 수납

식기선반 옆에 청소 도구를 수납했어요. 양철 쓰레받이와 양동이, 카펫클리너와 같은 청소 도구를 장식하듯이 수납하였습니다. 색과 소재를 잘 맞추면 실용적인 청소 도구도 이렇게 사랑스러워진답니다.

Sanitary

물 쓰는 곳
욕실

우랴 씨

공간을 차지하지 않고
물빠짐도 GOOD

욕실에 선반이 설치되어 있지만 용기류의 바닥에 물때가 생기는 것이 아무래도 신경이 쓰여서 걸어두었어요. 수건걸이 위에 용기를 두고 그 외의 잡화는 매달아서 수납하고 있습니다.

m. 씨

청소하기 편한 것이 최우선

욕실 내의 선반을 떼고 무인양품의 후크 집게에 매달아서 수납하고 있습니다. 샴푸와 청소 도구도 수건걸이에 올려놓거나 걸어놓습니다. 청소하기 정말 편해요.

akane 씨

헤드를 갈아 끼울 수 있는 유용한 용기

이 병은 라쿠텐의 mono.o.tome에서 구입한 것인데 펌프 부분을 갈아 끼울 수 있는 저장용기입니다. 내용물을 다 쓰면 헤드 부분만 교환하고 빈 병은 저장용으로 다시 채울 수 있습니다.

ARATA 씨

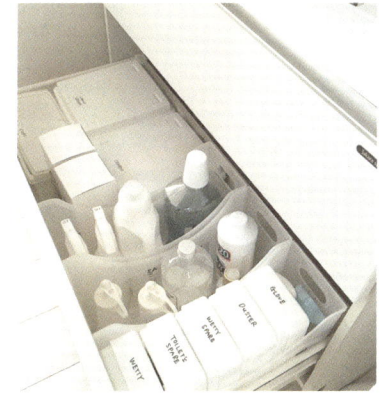

여분은 수량을 제한한다

세면대 수납입니다. 여기에 샴푸와 어메너티 등의 일용품 여분을 수납해둡니다. 100엔샵 케이스로 칸막이를 하여 놓는 장소를 제한. 여분을 케이스에서 꺼내고 공간이 비면 새로 채워 넣습니다.

COLUMN

심플라이프에 꼭 필요한
수납 BOX

nozo 씨

무인양품 메이크박스

아이들도 정리하기 쉽도록 내용물을 찍은 사진을 앞쪽에 붙여두었습니다. 내용물이 잘 보이는 반투명한 것도 Good. 가벼운 소재라 넣고 빼기 쉬운 것도 장점입니다.

akane.t 씨

다이소 적재가능 박스

잡화를 넣는데 안성맞춤인 크기. 여러 가지 사이즈가 구비되어 있어 선반에 맞춰 조합할 수 있습니다. 원래는 반투명이지만 도화지를 붙여서 원하는 흰색 케이스 느낌으로 변신.

m. 씨

이케아(IKEA) 스쿠브(SKUBB) 슈즈 박스

앞면에 그물이 달려있어 내용물을 한눈에 파악할 수 있습니다. 제철이 아닌 부츠, 자전거 공기주입기, 원예용품 등 여러 가지 물건을 수납. 통기성이 좋아 습기 걱정할 필요가 없어요.

ichigo 씨

무인양품 파일박스

같은 모양의 박스에 라벨을 붙이고 세제와 조미료, 핫플레이트용 그릴, 요리책 등을 수납. 통일감이 느껴집니다. 통째로 씻을 수 있는 폴리프로필렌 소재라 위생적.

Na~ 씨

니토리(nitori) 인박스

비치지 않는 소재라 내용물을 이것저것 집어넣어도 깔끔함을 유지할 수 있습니다. 통일감이 느껴지는 부분도 마음에 쏙 들어요. 가벼워서 높은 곳에 두어도 쉽게 내릴 수 있습니다.

nika.home 씨

세리아(Seria) 프렌티 박스(Plenty Box)

작아진 아이의 신발을 넣어두는데 딱 좋은 사이즈. 뚜껑이 있어 먼지 쌓일 염려도 없습니다. 쓰지 않을 때는 접어서 보관할 수 있으므로 공간도 절약할 수 있어요.

SAYA 씨

프록크(Froq) 수납시리즈

정면개폐식 뚜껑이라 박스를 쌓은 채로 여닫는 것이 가능. 뚜껑을 연 채로 고정할 수 있어 거추장스럽지 않습니다. 사이즈가 달라도 높이가 같기 때문에 조합하기 쉽고 편리합니다.

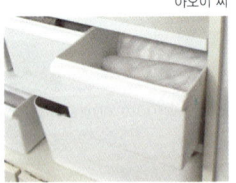
아오이 씨

리빙그토(livingut) 저스트 잇 슬림

선반의 공간을 낭비하지 않는 깔끔한 사각형 상태로 접은 셔츠나 속옷류를 깔끔하게 수납할 수 있습니다. 흰색에 심플한 디자인이라 나란히 세워서 사용하면 깔끔해요.

Entrance
현관
잡화

오오키 기요미 씨

ryoko 씨

슬리퍼는 IKEA 상자에 수납

슬리퍼는 IKEA 상자에 담아서 수납합니다. 손님이 왔을 때 아이에게 "슬리퍼 좀 꺼내 줘."라고 부탁했더니 "슬리퍼가 어디에 있어요?"라고 물어보더라구요. 수납 장소를 저만 알고 있었다니 깜짝 놀라서 바로 라벨을 붙였습니다.

외출용품은 현관에 수납하여 건망증 방지

손수건과 열쇠 등은 현관 트레이에 수납. 매일 갖고 다니지는 않지만 외출 시 사용하는 마스크와 손난로, 접는 우산 등도 이곳에 둡니다. 집안에서 사용하지 않는 물건이 거실로 들어가는 것을 방지할 수 있어요.

meg 씨

언젠가 꼭 필요할 것 같은 물건은 3년 안에 재검토

언젠가 쓸 것 같아서 버리지 못하는 나사와 공구, 건전지 등은 다이소의 얕은 상자와 양철캔, 유리병 등에 넣어 현관에 둡니다. 당장 정하기 힘든 것은 3년을 기준으로 재검토합니다.

Chapter_02

Entrance

현관

신발장

나무 발판에 바퀴를 달아 만든 신발함에는 자주 신는 신발을 놓습니다. 신발장 밑으로 쉽게 넣고 뺄 수 있어 현관이 깔끔해집니다.

현관에 있으면 편리한 물건을 수납

우리 집 신발장 안입니다. 선반을 넣어 2단으로 만들어 아이들 신발을 수납합니다. 신발장 상단에는 에코백, 학교용품, 비옷, 원예용품, 마스크 등도 상자에 넣어서 수납. 신발을 신고 나서야 "앗! 깜빡했다!"하고 기억나는 물건들을 현관에 놓아두면 편리합니다.

TNK 씨

수건걸이로 간단하게 슬리퍼 수납

항상 현관에서 굴러 다니는 슬리퍼를 정리하고 싶어서 생각해낸 아이디어. 신발장 문 안쪽에 Seria의 자석시트를 붙이고 거기에 자석식 수건걸이를 붙입니다. 접착식보다 강하고 빈 공간도 잘 활용할 수 있으니 일석이조. 리노베이션하기 전, 현관에 수납할 공간이 거의 없었을 때 고안해낸 방법인데 정말 편리해서 지금도 활용하고 있습니다.

akane 씨

akane.t 씨

캔두(Can Do)의 검정 상자를 신발함으로

5인 가족인 우리 집의 신발 수납장은 여기뿐입니다. 계절이 바뀔 때 처분할 신발도 결정합니다. 신발 상자 위에는 정장용 구두 등 사용빈도가 적은 것을 넣어둡니다. 신발 상자로 사용하는 것은 캔두의 검정 상자. 그 위에는 살충제 등 아이손이 닿으면 안 되는 아이템을 넣어둡니다.

kao. 씨

왼쪽은 신발, 오른쪽은 슬리퍼와 잡화를 수납

신발장 왼쪽은 가족 전원의 신발을 수납. 오른쪽은 가족용 슬리퍼와 손님용 슬리퍼, 모자, 비상시에 손전등, 접이식 우산, 신발 손질용품 등 집안에서는 쓰지 않는 자질구레한 물건들을 100엔 샵의 와이어랙에 넣어두었어요.

Entrance
현관
우산

오오키 기요미 씨

바를 달고 우산을 걸어서 수납

벽에 IKEA 바를 달고 우산을 걸어서 수납합니다. 접이식 우산과 구두주걱 등도 S자 고리를 이용해 매달아둡니다. 우산꽂이가 없기 때문에 현관을 넓게 쓸 수 있고 더러워지는 것도 막을 수 있어요. 또 넣고 꺼내기도 쉬워졌습니다.

noi 씨

아오이 씨

우산은 개수를 제한하고 수건걸이를 활용

우산꽂이는 의외로 공간을 많이 차지하고 보기에도 그리 좋지 않습니다. 그래서 현관문 옆에 직접 수건걸이를 설치했습니다. 걸 수 있는 공간이 한정되어 있으니 자연스럽게 쓸데없는 우산이 늘어나는 일도 없습니다.

분리수거함을 현관 수납함으로 활용

현관 수납선반입니다. 상단은 아이들의 바깥놀이 장난감을 수납. 하단은 무인양품의 분리수거함을 사용하여 오른쪽은 현관이나 정원 청소 도구, 왼쪽은 우산을 넣어두었습니다. 깊이도 딱 맞고 더러워지면 청소하기도 편리해요.

Entrance
현관

여러 가지 수납

하라다 히로미 씨

정말 똑똑한 캔두의 신발상자

신발장에는 제철 신발을, 사진의 현관 수납장에는 철 지난 신발을 수납합니다. 내용물이 보여서 바로 꺼낼 수 있는 캔두의 신발상자가 유용합니다. 아이들 장난감도 그대로 들고 나갈 수 있도록 바구니에 담아 수납하고 있어요.

noi 씨

현관 수납장에 일용품 여분 수납

현관 옆에 있는 수납장. 상단의 무인양품 PP케이스와 바구니에 세제 여분과 화장실용 휴지, 곽티슈 등 일용품 재고를 수납합니다. 하단에는 공기청정기와 히터. 올겨울에 사용하지 않으면 처분할 예정인 아이템입니다.

ARATA 씨

꽃가루와 먼지는 현관에서 턴다

우리 집 현관에는 옷을 잠시 걸어 두는 있는 공간이 있어요. 밖에서 돌아오면 겉옷에 습기와 오염물질, 꽃가루 등이 달라붙어 있기 때문에 일단 여기에 겁니다. 다음날 아로마 스프레이를 뿌린 다음 그늘에서 말립니다. 옷장 안이 오염되는 것과 습기를 방지할 수 있습니다.

Other Space

그 외
서류

misa 씨

kao. 씨

여닫이 책상 칸막이에 일단 수납

우리 집 책상에는 칸막이가 여러 개 있습니다. 수첩과 가계부, 중요한 우편물과 영수증 등도 일단 이곳에 임시 보관. 깔끔하게 보이고 싶은 장식 선반이기 때문에 쌓아두면 신경이 쓰여서 부지런히 정리합니다.

파일에 넣고 마스킹 테이프로 표시

가족이 함께 쓰는 물건을 두는 거실 수납. 한쪽에 유치원과 학교에서 받아온 안내장 보관 공간을 만들었습니다. 일 년 내내 사용하는 것은 포켓 파일에, 한 달 정도 보관하는 것은 클리어 파일에. 아이 별로 마스킹 테이프로 표시하여 구별합니다.

아오이 씨

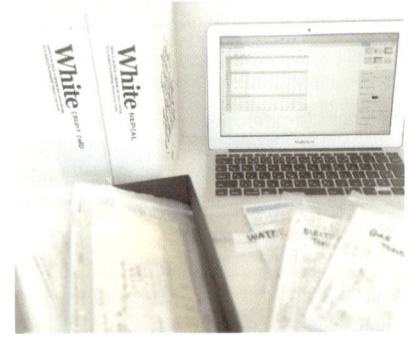

ARATA 씨

직접 만든 임시보관용 서류상자

무인양품 재생지 인덱스(A4사이즈)와 3COINS의 커트러리 케이스로 서류 홀더를 직접 만들었습니다. 항목별로 인덱스가 있어서 찾기 편하고 바닥면에 폭이 있어 충분히 수납할 수 있어요.

명세서 등은 지퍼백에 넣어 분류

'나중에 정리해야지' 하다가 쌓이기 쉬운 청구서와 명세서들. 의료비, 신용카드 명세서, 가스비 등으로 나눠서 지퍼백에 보관. 컴퓨터 옆에 보이는 영어책은 진짜 책이 아니라 귀여워서 충동구매한 상자랍니다. 명세서를 넣으니 안성맞춤.

akane.t 씨

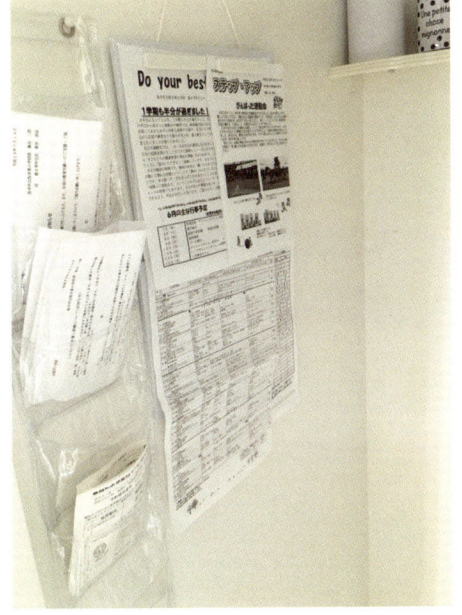

벽걸이 투명 주머니에 안내장을 수납

아이가 3명이다 보니 안내장의 양도 어마어마합니다. 파일에 넣는 것도 보통일이 아닙니다. 그래서 학교나 학원에서 받아오는 안내문류는 계단 아래쪽 수납 벽에 벽걸이 주머니를 매달고 그곳에 끼워 보관합니다. 이렇게 하면 바로 꺼내 확인할 수 있고 불필요해졌을 때 버리는 것도 쉬워요.

nozo 씨

meg 씨

앱과 파일로 이중보관

유치원 안내장은 '안내장 정리 앱'으로 관리하지만 만약을 위해서 파일에도 보관해요. 파일에 끼울 때 필요한 펀치까지 함께 수납하면 편리합니다. 한 달에 한번 재검토하여 행사가 끝난 것은 처분합니다.

투명파일에 표지를 만들어서 보관

아이들의 안내장은 클리어파일에 끼워 넣고 아래 부분에 영문스탬프로 이름을 찍어 구분합니다. 너무 두꺼워지면 재검토해요. 크래프트지를 표지 대신 맨 앞에 넣어두면 깔끔해 보여요.

Other Space
그 외
화장품

ARINKO 씨

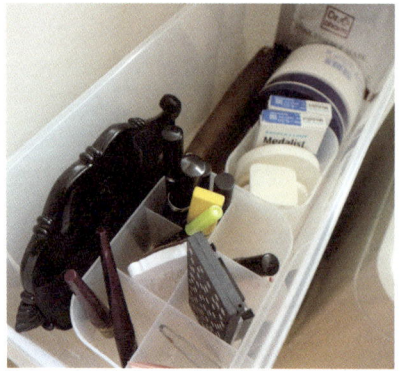

운반할 수 있는 상자에 한데 모아

세면장에 쌓아놓은 무인양품 PP케이스가 화장 공간입니다. 메이크업 도구와 거울, 콘택트렌즈 등이 들어있습니다. 메이크업 도구를 상자에 수납해두면 필요할 때 이곳저곳으로 옮겨다니며 쓸 수 있지요.

mamu 씨

서랍 하나 통째로 메이크업 관련 수납

아침 외출 준비는 세면장에서 하기 때문에 메이크업 도구 외에도 아침에 먹는 약이나 건강 보조식품도 한 서랍에 일괄 수납. 이렇게 하면 잊어버릴 염려가 없습니다. 서랍이기 때문에 위에서 꺼내기 쉽도록 파운데이션과 팔레트도 세워서 수납합니다.

고즈에 씨

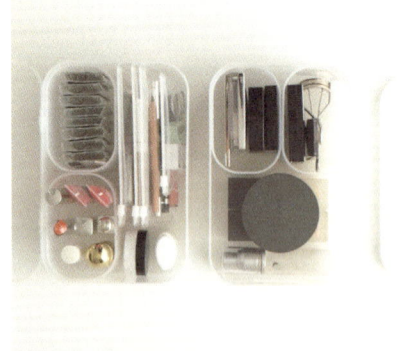

화장품도 꺼내기 쉽게 세워서 수납

무인양품 케이스에 아이템별로 세워서 수납. 마스카라와 펜슬 등은 무인양품의 브러시 케이스에. 투명해서 찾기 쉽고 굴러다니지 않아 정말 편리해요. 메이크 케이스는 사용하지 않을 땐 쌓아둘 수 있어서 공간절약에도 좋아요.

오오키 기요미 씨

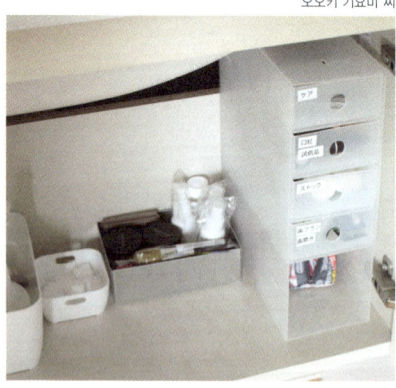

서랍을 빼고 화장 파우치를 수납

2층 세면대 밑에 메이크업 도구를 놓습니다. 무인양품 수납 상자에는 눈썹정리용 가위와 립스틱 샘플, 여분의 화장품이 들어있어요. 아래 서랍 2개를 싹 빼고 화장 파우치를 넣는 공간으로 사용합니다.

Other Space
그 외
액세서리

kao. 씨

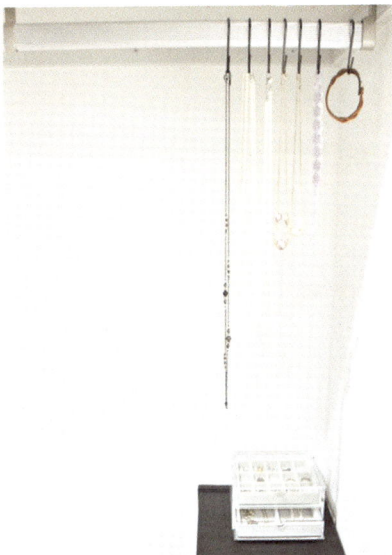

목걸이는 고리에 걸어서 수납

귀걸이와 반지는 무인양품 케이스에 넣어서 보관. 엉키기 쉬운 목걸이는 옷방에 있는 바에 S고리에 걸어서 수납해요. 줄이 엉키지 않아 한결 꺼내기 편해졌어요.

mamu 씨

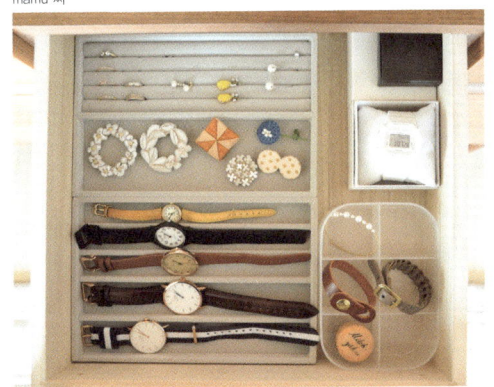

액세서리도 제자리를 정한다

무인양품 액세서리 트레이와 소품함을 조합하여 서랍에 수납합니다. 반지, 귀걸이 등 액세서리도 제자리를 정하면 코디하기도 쉬워요.

eriko.mkm 씨

무인양품 아크릴 케이스

최근 반지가 2개 더 생겼습니다. 역시 액세서리는 보기만 해도 즐거워요. 너무나 좋아하는 무인양품 뚜껑 있는 2단 아크릴 케이스에 넣었습니다. 자잘하게 나눠 담을 수 있는 트레이를 넣어 장식하듯 수납합니다.

Other Space
그 외
리모컨 종류

고즈에 씨

m. 씨

탁자 밑에 숨겨서 수납
거실 탁자 아래가 텔레비전과 에어컨 리모컨의 자리. 곽티슈 등도 이 안에 넣어두었습니다. 필요할 때 쉽게 꺼낼 수 있고, 사용하지 않을 때는 깔끔하게 수납이 가능합니다.

컴포니빌리에 세련되게 수납
생활감이 느껴지는 리모컨과 티슈 등은 컴포니빌리(리프로덕션 상품)에 모아서 보관. 맨 아래에 넣은 페이퍼백에는 손톱깎이와 면봉, 귀이개처럼 특히 지저분해 보이기 쉬운 아이템들을 숨겨서 수납해요.

kao. 씨

bota 씨

바로 꺼낼 수 있는 케이스에
텔레비전 리모컨은 사이즈가 딱 맞는 케이스를 발견했기 때문에 TV 장식장 위에 둡니다. 자주 사용하지만 아무데나 던져두기 쉽기 때문에 꼭 자기 자리를 정해 둡니다.

거실과 어울리는 바구니에 넣어서
텔레비전 등의 오디오 기기와 에어컨 리모컨은 작은 바구니에 모아서 수납. 거실에 두어도 거슬리지 않고 이동이 쉬워 마음에 듭니다.

Other Space
그 외

반려동물 용품

우라 씨

거실과 잘 어울리는 나무상자에 모아서 수납

여분의 주방용품을 보관하는데 사용하는 와인 상자. 남은 상자를 거실 CD랙과 비슷한 색으로 칠한 다음, 배변시트와 물티슈, 장난감 등 강아지 용품을 넣어 두었습니다. 바닥에 바퀴를 달아 끌고 다닐 수 있어요.

eriko.mkm 씨

붙박이 벽장 한가운데가 토끼 코너

얼마 전의 벽장 수납에 아쉬운 점이 있어 더욱 깔끔하게 정리했습니다. 덕분에 한가운데에 공간이 생겨서 토끼 코너로 사용합니다. 여기에서 목초를 보충하거나 배변시트를 교환합니다. 작업장이 넓어지니 일하기 편해졌어요.

bota 씨

가방에 수납하면 거실에 두어도 거슬리지 않아요

우리 집은 강아지 케이지를 거실 한쪽에 놓아둡니다. 그 바로 옆에 배변시트, 장난감을 한데 넣은 토트백을 올려두었어요. 즉시 꺼낼 수 있고 거실에 두어도 거슬리지 않아 대만족입니다.

Other Space
그 외
아이디어 수납

akane.t 씨

bota 씨

공은 그물 가방에 넣어 수납

현관 옆 신발장 공간을 우리 집에서는 창고로 사용하고 있어요. 밖에서 차고 노는 공과 배드민턴채 등은 그물 가방에 넣어 고리에 걸어둡니다. 현관 청소용 빗자루와 쓰레받기도 여기에 걸어두지요. 굴러다니기 쉬운 공에 딱 맞는 수납법입니다.

타공판에 뭐든지 매달기

계단 아래쪽 수납공간 벽면에 타공판을 달았습니다. 고리뿐 아니라 구멍에 끼우는 나무봉도 구입. 용도에 맞게 잘랐기 때문에 털실은 물론 탈취 스프레이, 카펫 클리너, 테이프 등 여러 가지 물건을 걸어둘 수 있어 무척 편리합니다.

마메요메 씨

아오이 씨

청소기 헤드도 세워서 수납

청소기 헤드를 어떻게 수납해야 넣고 빼기 편할까? 수많은 시행착오를 거친 끝에 100엔샵 케이스에 관을 붙여 헤드를 세워 수납할 수 있는 아이템을 직접 만들었어요. 덕분에 청소기 헤드를 교체하는 것이 편해졌습니다.

이벤트 용품은 종류별로

붙박이 벽장에 이벤트별 아이템을 수납. 지퍼가 달린 주머니에 이벤트별로 나눠서 넣고 라벨을 붙여서 필요할 때 바로 꺼낼 수 있게 수납합니다.

Kid's Item
아이
옷

ARINKO 씨

아이 옷장은 키에 맞는 높이로

아이 방 옷장 안입니다. 위에 있는 랙에는 아우터류. 제철 옷과 자주 입는 옷은 아래 선반에 넣어 딸이 스스로 골라 코디하기 쉽게 했습니다. 모자와 양말도 딸이 스스로 꺼낼 수 있는 높이에 수납했습니다. 오른쪽 아래의 상자에는 앨범을 모아둡니다.

아오이 씨

붙박이 벽장 하단이 딸의 옷장

거실 옆에 있는 붙박이 벽장. 아랫단이 딸의 옷 수납 공간입니다. 이렇게 하니 혼자서도 유치원 갈 준비를 할 수 있게 되었습니다. 서랍 안에도 케이스를 넣어 나눠서 수납할 수 있게 만들었어요.

Kid's Item
아이
장난감

misa 씨

스스로 치우고 싶은 마음이 들게 하는 것.
그것이 우리 집의 '정리육아'입니다.

정리는 응원, 경쟁, 퀴즈로 지도

아이에게 아무리 "정리하라."고 말해도 실천하는 경우는 30% 정도였어요. 좀 더 구체적인 지시가 필요합니다. 우선 어질러진 장난감을 퀴즈 형식으로 분류하게 하고 "장난감도 집이 있으니 데려다주자."라며 격려합니다. 그리고 사진과 같은 장소에 넣게 합니다. 응원, 경쟁, 가끔은 믿고 맡겨보는 것이 필요합니다. 엄마한테 혼날까봐 정리를 하는 것이 아니라 "정리를 하면 방이 넓어져서 기분 좋아!"라는 그런 느낌을 알게 해주고 싶습니다.

아오이 씨

무인양품의 천 케이스는 가볍기 때문에 아이 혼자서도 쉽게 넣고 뺄 수 있어요. 아직 아이 키로는 안을 볼 수 없어 태그를 붙여두었습니다.

장난감은 천 케이스와 바구니로 분류

딸이 아직 어려서 자주 사용하는 장난감은 거실 옆에 있는 방에 놓아둡니다. 딸은 매일 거실에서 그림을 그립니다. 그래서 쉽게 넣고 뺄 수 있는 장소에 그림도구를 놓고 다이소의 바구니를 이용해 연필꽂이를 만들어주었어요. 아이들은 그날그날 놀고 싶은 물건이 달라지니까 그날의 기분대로 천 케이스와 등나무 바구니를 꺼낼 수 있도록 배치해두었습니다.

미닫이 장에 장난감 보관

미닫이 장에 아이들의 장난감을 보관합니다. IKEA 수납케이스에 종류별로 넣은 다음, 놀 때는 케이스 채로 꺼내서 놀게 합니다. 하나를 꺼냈으면 "그 상자를 집어넣고 다른 상자를 꺼낸다."가 규칙입니다.

noi 씨

귀여운 IKEA의 트로패스트 수납장

아이 방은 철저하게 아이방답게, 컬러풀하게! IKEA의 트로패스트 시리즈로 수납했습니다. 제철이 아닌 옷부터 장난감, 아기 띠같은 것까지 수납할 수 있어 정말 좋아요.

ARINKO 씨

거실 인테리어와도 잘 어울리는 모노톤 배색

거실 옆에 있는 딸 아이의 방. 거실에서도 보이기 때문에 장난감까지 거실 인테리어와 어울리는 모노톤으로 하였습니다. 오른쪽에 보이는 소꿉놀이용 주방은 컬러박스를 토대로 직접 만든 핸드메이드입니다.

akane.t 씨

Kid's Item
아이
거실 장난감

nozo 씨

인테리어 효과 뛰어난 맞춤 주문 랙

소파높이와 딱 맞도록 쇼텐게키죠(商店劇場)에서 주문한 파스코(pasco)의 경질 펄프랙. 바퀴가 달려있으며 가볍고 튼튼합니다. 거실 인테리어와도 잘 어우러지고 수납력도 뛰어납니다. 뒷면을 가게 놀이나 소꿉놀이를 할 수 있게 꾸몄습니다.

펄프랙을 선반 쪽에서 본 모습. 무인양품의 PP케이스에 장난감을 수납했어요. 정리하기 쉽도록 사진을 붙여둡니다.

ARINKO 씨

주방놀이 세트를 장난감 수납 상자로

IKEA의 주방놀이 세트는 거실 인테리어와도 잘 어울리기 때문에 거실에 두었습니다. 상단은 장식품, 싱크대 속은 장난감 수납용으로도 활용해요.

왼쪽은 장난감 냄비와 프라이팬. 오른쪽은 스케치북과 크레파스를 넣어두었습니다. 수납이 제법 많이 됩니다.

커다란 봉제인형은 큰 페이퍼백에, 작은 장난감은 작은 페이퍼백에 넣도록 합니다. 아이들이 스스로 분류해서 정리하도록 격려합니다. 물건의 크기를 구별하는 연습도 할 수 있어요.

Kid's Item
아이
학용품

misa 씨

혼자서 등원 준비할 수 있는 공간으로

어질러져 있어 필요한 물건을 못 찾는 일이 없도록 상단에서 준비를 하고 전날 하단으로 이동. 아들도 한 눈에 파악할 수 있도록 준비합니다. 가방을 걸어 둔 옷걸이는 무인양품의 넥타이용입니다.

akane.t 씨

장난감과 학용품을 함께 수납

아이방에 있는 랙입니다. 맨 위 칸에는 좋아하는 장난감과 지구의를 놓고 옆에 있는 바구니에 교과서와 노트를 수납. 2번째 칸에는 책가방과 모자, 3번째 칸은 전년도 교과서, 4번째 칸에는 '임시보관용 바구니'가 들어있습니다.

mamu 씨

아이가 자란 뒤에도 쓸 수 있는 가구를 고른다

초등학교 때는 거실이 공부 장소입니다. 책상은 사용하지 않기 때문에 나중까지 다양하게 사용할 수 있는 디자인의 가구를 구입했어요.

tmko 도모카오 씨

오래된 가구를 책가방 정리함으로

아이방에는 붙박이 책상과 책장을 놓았습니다. 곧 책상 옆에 책가방을 걸 고리를 달 예정이지만 우선은 꽃병 받침으로 쓰던 오래된 가구를 책가방 정리함으로 사용하고 있어요.

Kid's Item
아이
아기용품 & 자잘한 물건

ARATA 씨

큼지막한 보냉백에 기저귀와 물티슈. 작은 백에는 케어 아이템을 넣어두었습니다. 아직은 시행착오 중인데, 좀 더 개선할 생각입니다.

이동이 가능하도록 가방에 수납

처음에는 침실과 거실에 각각 기저귀 수납 랙을 설치했어요. 하지만 먼지가 쌓이고 청소하는데 수고가 들더라고요. 그래서 철거! 지금은 가방에 기저귀세트를 수납하고 가방째 침실, 거실로 이동하고 있습니다. 친정에 갈 때도 이대로 가지고 갑니다.

nozo 씨

아오이 씨

사랑을 담아 만든 레고매트

레고를 수납할 수 있고 그대로 펼치면 놀이매트가 됩니다. 해외 사이트에서 발견, "이건 정말 편리하겠다."라고 생각했지만 마음에 드는 무늬가 없어서 고민. 그래서 인터넷으로 만드는 법을 검색한 다음, 제가 원하는 천으로 직접 만들었어요. 자세히 보면 엉성한 부분도 있지만 사랑을 담은 아이템입니다.

자잘한 장난감은 칸막이 수납함 보관

작은 장난감인 실바니안 패밀리는 사다보면 점점 양도 많아지고 소품들이 너무 작아서 방심하면 없어지기 일쑤. 다이소에서 산 상자에 칸막이를 붙여서 수납케이스를 만들었습니다. 다 놀았으면 붙여놓은 사진과 똑같은 모양으로 케이스에 넣습니다. 딸 혼자서도 할 수 있게 되었어요.

Cleanup
버리기
일시 수납 공간

misa 씨

kao. 씨

친정에서 가져온 짐은 임시보관소에

친정에 다녀오면 늘 이것저것 챙겨주시잖아요. 그래서 보존용기와 보냉백 등이 쌓일 때가 있어요. 그래서 친정에 다시 가져갈 물건을 넣어두는 임시보관소를 복도에 설치했습니다. IKEA 바구니는 접을 수도 있어서 편리합니다.

안내장은 거실에 수납

일 년 내내 확인해야 하는 것은 포켓파일에. 월별 안내문과 기간이 짧은 것은 클리어 케이스에 넣어두었습니다. 자주 사용하는 항목은 마스킹 테이프로 태그를 붙인 다음, 무인양품 파일상자에 넣어서 거실 한가운데에 수납.

m. 씨

mamu 씨

정리 예정인 물건도 일시 보관

옷장에 '이제 필요 없을 것 같다.'고 느낀 물건을 넣어둘 일시보관용 종이봉투를 설치. 종이봉투에서 다시 꺼내는 일이 없었다면 처분해도 좋다는 사인입니다.

연하장은 3년간 보관

연하장은 3년간만 보관하기로 결정하고 100엔샵 케이스에 모아두었습니다. 편지 종류는 우선 상자에 일시보관한 다음, 시간이 나면 정리합니다.

Cleanup
버리기
재활용품

아오이 씨

물려줄 옷은 붙박이장 선반에
작아져서 재활용으로 내놓을 아이 옷이나, 물려받았지만 아직은 커서 못 입는 옷은 사이즈와 종류별로 분류, 라벨을 붙인 지퍼백에 넣어서 붙박이장 위의 선반에. 옷을 물려줄 때도 이 지퍼백째 줄 수 있어 편리해요.

하라다 히로미 씨

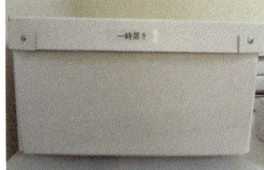

망설여지는 것은 일시 보관
버리기 망설여지는 물건, 처분하기로 결정한 물건을 둘 장소를 정했습니다. 망설여지는 물건은 일단 일시보관 상자에 넣습니다. 처분하기로 결정한 것은 서랍 한곳을 정해서 넣고 이곳이 꽉 차면 반드시 재활용샵으로 가지고 갑니다. 경품이나 선물로 받게 된 필요 없는 물건도 모아서 보관하고 학교 바자회 등에 출품할 때는 이것들 중에서 골라서 가져갑니다. 각각의 수납 장소를 정해두면 처분하는 일도 원활하게 진행된답니다.

버리는 법, 수납하는 법 Part 02

알기 쉬운 수납

물건을 찾는데 쓸데없이 시간을 낭비하지 않기 위해 수납의 효율성을 중시하고 있습니다. 그래서 물건에는 하나하나 제자리를 만들고 들어갈 만큼만 물건을 소유하려고 합니다. 너무 빽빽하게 채우지 않고 공간에 여유를 둬 넣고 꺼내기 쉽게 하는 것도 포인트입니다. 물건을 버릴 때는 확실히 지금 사용하지 않는 물건, 사용할 기회와 빈도가 정확하게 생각나지 않는 물건을 고릅니다.

ryoko 씨

가족 : 남편, 아들(11세, 7세)
사는곳 : 단독주택
【블로그】 life labo note
http://lifelabonote.blog.jp
【인스타그램】 ryoko1125
https://www.instagram.com/ryoko1125

보다 살기 편한 생활을 꿈꾸며

물건을 파악하기 쉽도록 한곳에 집중해서 수납하고 있습니다. 수납공간이 부족하거나 청소가 힘들어지는 것이 싫어서 물건을 늘리지 않습니다. 그래도 1년 사용하지 않은 물건은 버리거나 중고로 내놓습니다. 제 취향이 요 몇 년간 변하지 않았기 때문에 비교적 쉽게 처분합니다. 물건을 구입할 때는 수납공간이 있는지 없는지를 늘 염두에 둡니다.

noi 씨

가족 : 남편, 딸(5세, 3세)
사는곳 : 단독주택
【인스타그램】 noi_hibi
https://www.instagram.com/noi_hibi

자유로운 청소와 수납이 즐거운 취미

규칙에 얽매여 수납과 정리를 하면 즐겁지 않아요. 어쩐지 사용하기 불편하거나 물건이 늘어나서 다시 정리를 합니다. 정리정돈을 그렇게 잘하지 못하기 때문에 늘 공간에 여백이 있도록 하고 통풍이 잘 되는 상태를 유지합니다. 제 스타일로 정리하기 때문에 투박한 수납이 많습니다. 하지만 수납용품을 취향에 맞게 색과 소재를 통일하면 대충 수납해도 뭔가 정돈된 느낌이 듭니다.

tmko 토모카오 씨

가족 : 남편, 아들(9세), 딸(7세)
사는곳 : 단독주택
【인스타그램】 tmko.n
http://instagram.com/tmko.n

가족의 동선이 수납의 판단 기준

가족의 동선 사용 빈도, 누가 어떤 방법으로 쓰는가를 나름대로 분석해서 사용하기 편한 수납을 하려고 노력합니다. 한번 정리한 장소라도 점점 어지러워지면 '물건의 양이 많다', '가족의 사용법과 맞지 않다'는 증거이므로 가족의 생활리듬에 맞춰서 다시 정리합니다. 물건을 처분하는 기준은 '가슴이 설레는가 아닌가'입니다. 애착이 있는 물건은 오랫동안 사용할 수 있기 때문에 가슴 두근거림을 중요하게 생각합니다.

nozo 씨

가족 : 남편, 딸(5세), 아들(1세)
사는곳 : 단독주택
【인스타그램】 no__ie
http://www.instagram.com/noz__ie

Part 02

동선을 생각한 수납

스트레스 없이 내가 사용하기 편한 것이 최고입니다. 귀찮은 건 딱 질색이므로 자주 사용하는 물건은 보이는 수납을 하는 등 나의 동선을 잘 생각했습니다. 또 물건을 버릴 때 망설여지는 경우가 많습니다. 그냥 버리기보다 프리마켓이나 리사이클샵에 가지고 가서 사용할 사람에게 주는 것도 즐거워요.

우랴 씨

가족 : 남편
사는곳 : 아파트
【인스타그램】 **uryaaa**
http://instagram.com/uryaaa

심플한 디자인, 아늑한 생활

가족 모두가 기분 좋게 생활하도록 수납을 연구하기 시작했어요. 물건을 버릴 때는 필요하다고 생각되어도 1년간은 보관합니다. 제 수납의 모토는 선을 맞출 것. 이것만으로도 훨씬 깔끔해보인답니다. 물건을 구입할 때는 쓰기 편하면서 디자인이 너무 튀지 않는 것을 고르려고 합니다. 마음에 드는 물건을 찾을 때까지 다른 물건으로 타협하지 않습니다.

TNK 씨

가족 : 남편, 아들(10세), 딸(3세)
사는 곳 : 단독주택
【인스타그램】 **tnk.02**
http://instagram.com/tnk.02

가족 모두 집 안의 물건을 파악할 수 있는 수납이 목표

1년에 2번, 날씨가 좋은 봄과 가을에 집 안의 물건을 재평가하고 있습니다. '한곳부터 필요 없는 물건을 5개 발견해내기'를 3주 정도 반복하며 집안의 물건들과 철저하게 마주합니다. 덕분에 집에 뭐가 있는지 전부 파악하고 있습니다. '그게 없어', '그 물건 어디 갔어?', '제자리에 잘 가져다 놔'라는 말을 자주 하다보면 집안 분위기가 껄끄러워집니다. 그래서 가족 모두가 사용하기 편한 수납을 목표로 합니다.

오오키 기요미 씨

가족 : 남편,아들(14세, 12세)
사는 곳 : 단독주택
【블로그】 **나의 길 라이프**
http://wagamichilife.jp
【인스타그램】 **wagamichilife**
http://instagram.com/wagamichilife

월 1회, 가족이 다함께 모여 쓰지 않는 물건 체크

정리와 청소. 집안일이 쉽게 이뤄지는 집을 목표로 합니다. 남편도 저도 귀찮은 것은 딱 질색이라 넣고 빼기 힘들지 않은 간단 수납을 추구. 특히 사용빈도가 높은 장소에는 사용할 물건만 두도록 하고 있어요. '사용하지도 않고 집에 있는 물건'은 잠시 따로 두었다가 어떻게 할지 결정. 추억의 물건은 가족 각각의 생각이 다르므로 버리기 전에 함께 이야기를 나눕니다. 월 1~2회, 안 쓰는 물건을 체크.

아오이 씨

가족 : 남편, 딸(7세)
사는 곳 : 단독주택
【블로그】 **My simple home**
꿈꾸재 정리, 정돈달인! 쉬운 인테리어 수납 집안일
http://simplehouselife.blog.fc2.com

버리기 위해서가 아니라 불필요해지면 처분한다

버리기 위한 규칙은 특별히 없습니다. 버리는 것은 생각지도 못했던 물건이 어느 날 갑자기 '필요 없다'고 생각될 때가 있습니다. 그때 처분합니다. 수납이란 그저 공간에 집어넣는 것이 아니라 넣고 빼기 편하고 사용하기 좋고 보기에도 아름다워야 한다고 생각합니다. 또한 한번 수납했다고 끝나는 것이 아니라 작은 생활의 변화에 맞춰 변경할 수 있어요. 제대로 된 수납을 통해 집안일을 하는 시간이 단축되고 생활이 편해지기 때문에 수납을 매일매일 모색하고 있습니다.

마메요메 씨

가족 : 남편
사는 곳 : 월세 아파트
【블로그】마메's HOME
http://ameblo.jp/mamehome

최소한의 물건을 '세우는 수납'으로

우리 집은 전근이 잦기 때문에 이사할 때 고생하지 않으려고 '미니멀라이프'에 흥미를 갖게 된 것이 수납의 길로 들어선 계기입니다. 수납의 규칙은 가능한 세워야 할 것. 그렇게 하면 보기 편하고 꺼내기 쉬워요. 필요한 물건이라도 최소 1주일 정도는 고민합니다. 충동구매를 방지하고 정말 필요한 것인지, 오랫동안 애용할 수 있는지 끊임없이 생각함으로써 불필요한 쇼핑을 막을 수 있게 되었습니다.

고즈에 씨

가족 : 남편
사는 곳 : 사택
【인스타그램】kozue._pic
http://instagram.com/kozue._pic

망설여질 때는 일시 보류

라이프 오거나이즈를 배운 후 '현재 생활에 정말 필요한 물건을 골라내는 것'이 가능해졌습니다. 그렇다고 해도 아직 많은 물건을 소유하고 있기 때문에 지금은 '평소 사용하는 물건'과 '망설여지는 물건'을 완전히 분리해서 수납하고 있습니다. 일정기간 분리보관했던 물건을 재검토하면 부담없는 수납 라이프를 즐길 수 있습니다.

하라다 히로미 씨

가족 : 남편, 장남(8세)
사는 곳 : 단독주택
【블로그】My simple home 라이프오거나이즈 [나다운 생활을 즐기는 법]
http://ameblo.jp/hunky-dorylife
【인스타그램】lifestylingroom
http://instagram.com/lifestylingroom

CHAPTER 03

정리 수납
Before → After

Part 01 · 주방의 정리 수납 사례

물건의 3분의 1을 버리는 것부터 시작

정리수납을 시작할 때 너무 거창하게 생각하지 않아도 괜찮습니다. 3분의 1만 버리자고 생각하면 마음 편하게 시작할 수 있습니다. 예를 들면 비슷한 보울이 3개 있다면 1개를 버리는 것입니다. 결과적으로 조금 적은가? 라고 생각할 정도의 양을 유지하면 심플한 생활을 할 수 있습니다.

보다 심플함을 추구하려면 물건을 놓기 힘든 상태를 만들어보세요. 주방 공간이든 탁자 위든 어디든 물건을 꺼내놓으면 그곳에 물건을 계속 쌓아 놓게 되는 것이 사람의 심리. 한 단계 높은 수준의 깔끔함을 원한다면 최소한의 물건만 꺼내놓도록 유의하세요.

무라카미 나오코 씨
(정리수납 어드바이저)

잡지에 인테리어와 수납&정리 아이디어를 소개하는 것 외 현재는 수납 컨설팅 일도 하고 있다. 쾌적한 수납 기술과 수납제품을 활용하는 법 등을 어드바이스.
【블로그】 kiki*blog
http://kiki2008.exblog.jp
【인스타그램】 kikiuchireset
https://www.instagram.com/kikiuchireset

주방에서만 8봉지 이상의 필요없는 물건이 나왔어요.

Chapter_03　**130**

Case 1 — 조미료 공간 & 싱크대 주변은 보이는 수납, 숨기는 수납을 생각한다

조미료

자주 쓰는 조미료는 상자에서 꺼내 한군데에 모아두면 요리 시간을 단축할 수 있습니다.

NG POINT
자주 사용하는 국자 등의 조리 도구는 안에 있고 보기에 정신이 없는 조미료가 밖에 나와 있다. 무엇을 꺼내고 무엇을 넣어야 하는지를 생각하지 않은 수납이다.

POINT
① 오일류와 조미료는 감추는 수납
② 국자와 주걱은 자주 사용하므로 보이게 수납
③ 자잘한 조미료는 상자에서 꺼내 사용하기 편하게

물건을 줄인 것이 아니라 조미료와 조리 도구의 수납 장소를 바꾼 것뿐입니다. 국자와 주걱 등은 심플하게 보이게 수납해보세요.

싱크대 주변

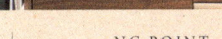

자주 쓰는 물건, 알콜 소독액 등은 라벨을 떼고 세련되게 보이는 수납을.

NG POINT
만든 요리를 식탁으로 원활하게 옮길 수 있는 구조인데 물건이 너무 잡다하게 놓여있다. 여기에 올려놓는 것을 정리했다고 착각하게 된다.

POINT
① 싱크대 주변에 절대 물건을 놓지 않는다
② 냉장고 근처에는 최소한의 물건을 둔다
③ 식기건조대는 사용할 때만 꺼낸다

거실에서 볼 때 가장 눈에 띄는 싱크대 주변이 깔끔해지면 전체적으로 훨씬 깨끗해 보인다. 식기건조대는 사용하지 않을 때는 넣어둔다.

Case 2 식기장 & 상부장은 공간 활용을 생각해서 수납

식기장

집에 있는 식기를 전부 꺼내서 "이것은 어디에 쓰는가?"를 확실하게 생각하며 분류했습니다.

POINT
1. 상단은 매일 사용하는 그릇과 가족 컵
2. 중간단은 가끔 사용하는 그릇과 손님용 컵
3. 아랫단은 거의 사용하지 않는 식기류와 컵

분류법은 '자주 사용한다', '가끔씩 사용한다', '손님용', '계절용'으로 구분해본다. 꽉 채워 넣지 않는 수납으로 모든 그릇을 파악.

NG POINT
언뜻 보면 깨끗하게 정리된 것처럼 보이지만 식기류는 종류별이 아니라 '사용목적'과 '사용빈도'로 분류하는 것이 보다 사용하기 쉽다.

상부장

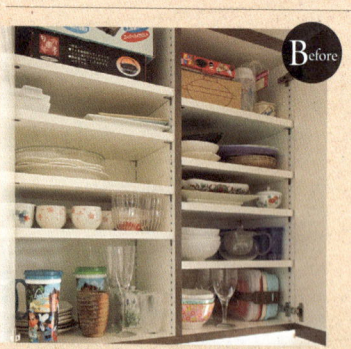

NG POINT
높은 곳에 손을 뻗어야하므로 거의 쓰지 않는 물건을 마구 집어넣게 된다.

POINT
1. 공간이 남아있어도 한 품목만 놓는다
2. 휴대용 가스버너 등은 상자에서 꺼내서 수납
3. 상자 수납으로 한번에 꺼낸다

상부장은 깊이가 있어 무엇이 들어있는지 파악하기 어렵다. 그렇기 때문에 더더욱 한품목만 넣거나 상자에 모아서 수납한다.

Case 2 가스레인지 아래 & 싱크대 위에는 필요한 물건만 엄선

가스레인지 아래

NG POINT
열심히 파일케이스로 칸막이를 해두었지만 냄비와 프라이팬 수가 너무 많아 꺼내기 힘들다

POINT
❶ 70~80%만, 서랍 바닥이 보이게 수납한다
❷ 자주 쓰는 물건은 한번에 꺼낼 수 있도록 수납
❸ 사용 빈도가 높은 것만 엄선한다

여러 개 있는 프라이팬과 냄비, 하지만 실제로 쓰는 것은 2~3종류뿐이다. 잘 사용하는 것만 엄선한다.

싱크대 위

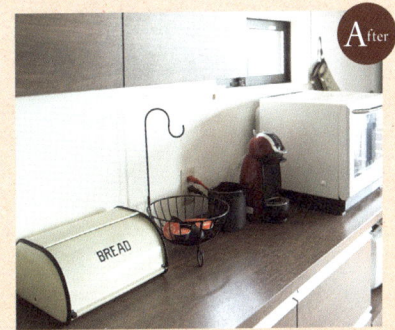

NG POINT
깔끔하게 정리되어 있지만 싱크대 주변처럼 그저 '뭐든지 올려두는 공간'이 되어가고 있다. 커피머신이 있는데도 카페 공간의 기능을 못하고 있다

POINT
❶ 주방과 관계없는 물건은 올려두지 않는다
❷ 전자레인지 철판용기는 보이지 않는 곳에 수납
❸ 세련된 소품으로 분위기를 만든다

카페 공간처럼 활용할 수 있게 주변에 쓸데없는 물건을 놓지 않는다

POINT 1
가족이 함께 도울 수 있는 주방 동선 만들기

아이들이 식사 때마다 요리를 식탁으로 옮겨 준다면 얼마나 편할까요?
바쁜 아침시간에 남편이 커피를 직접 내려준다면 기쁘겠지요. 하지만 실제로는 요리하면서 아이들을 부르기엔 위험하기도 하고 방해도 됩니다. 또 원두도 본인만 아는 곳에 넣어두어 남편에게 도와달라고 말하기 어려운 상황입니다. 그래서 커트러리를 가스레인지에서 멀리 떨어진 선반의 낮은 위치에 수납했습니다. 이렇게 하면 아이들과 엄마의 동선이 완전히 다르기 때문에 방해도 되지 않고 위험도 피할 수 있습니다. 모닝커피도 설탕과 밀크까지 모아 세트로 수납해두면 남편이 스스로 커피를 내리기 쉬워질 것이 분명합니다. 가족이 스스로 도와주면 분위기가 따뜻해집니다.

라벨을 붙인 상자 수납으로 언뜻 보기에는 정리정돈이 잘 된 것처럼 보이지만 물건이 넘쳐 밖으로 나와 있다.

선반 중간단에는 키즈 스페이스를 마련, 아이들 친구가 놀러왔을 때 바로 활용할 수 있는 스푼과 컵, 냅킨 등을 모아두었다. 남편이 매일 먹는 단백질 보충제는 쉐이커와 함께 한 박스에.

POINT 2
고정관념에 사로잡히지 말고 사용하기 편하게 모아서 수납

도시락 세트는 따로따로

도시락 용품은 형제별로 따로 수납.
아들의 도시락은 매일 싸지만 딸은 가끔씩 만들기 때문에 용품을 수납하는 장소도 각각. 매일 만드는 것은 싱크대 가까운 서랍 속에. 가끔 만드는 것은 상자에 수납하여 선반에.

상자에 용도별로 모아서 정리한다

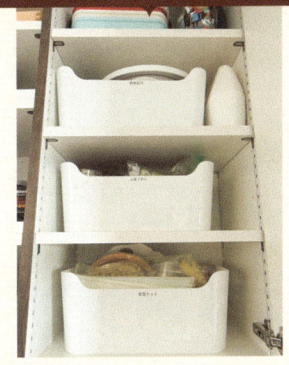

어수선해지지 않도록 정리해서 모아 두고 싶은 물건을 상자에 수납. '제과용구', '과자 만들기에 쓰는 소품', '손님용 식기세트'로 모으기로 했습니다.
필요할 때 찾는 수고없이 꺼내기만 하면 되니 편리합니다.

사용하는 것만 모아두는 '세트로 놓기'

초밥통, 김밥말이, 전용 주걱을 세트로 수납. 필요한 물건을 잊어버리지 않도록 수납했어요. 마찬가지로 전기밥솥 옆에는 밥그릇과 주걱을 세트로 수납. 바로 밑에 쌀독까지 수납되어 있어 쓸데없는 움직임을 줄일 수 있습니다.

가스레인지 가까이에 자주 쓰는 조미료를 모아서 세트로 놓았어요. 트레이에 넣어두면 청소하기 편합니다.

Part 02

공간별 정리 수납 사례

Kitchen
주방

무라카미 나오키 씨의 고객 집

매일 쓰는 커트러리, 더욱 찾기 쉽게

주방 서랍에 비치된 정리함은 쓸데없는 공간이 많아 수납에는 적당하지 않았습니다. 자신이 가진 물건에 맞는 공간을 만드는 것이 훨씬 사용하기 편합니다. 수납 케이스는 100엔샵에서 구입했습니다. 2개 이상 있는 주걱은 놓을 곳을 재검토했습니다. 하나는 전기밥솥 옆에 상비해두고 다른 하나를 넣어두었더니 자리를 차지하지 않게 되었습니다. 잘 사용하는 물건을 앞에, 거의 쓰지 않는 물건은 뒤에 놓아야 사용하기 편하고 커트러리 안도 청결하게 유지됩니다.

POINT
1. 비치된 정리함은 사용하지 않는다
2. 넣어둘 것과 꺼내둘 것을 정한다
3. 자주 사용하는 물건은 안쪽에 둔다

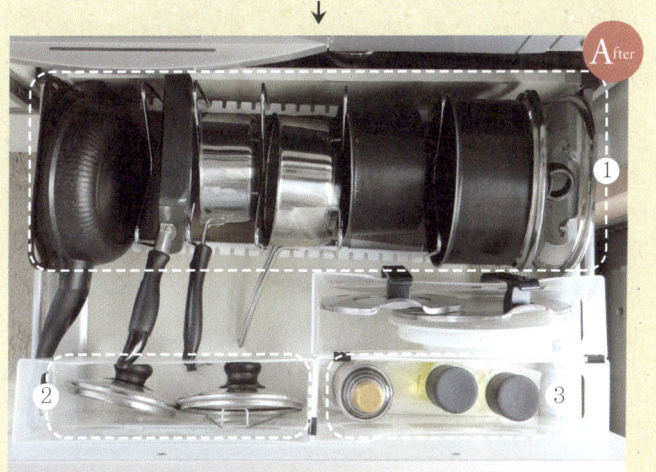

하라다 히로미 씨

한 번에 꺼낼 수 있는 냄비와 프라이팬

'대충형 인간'인 제가 찾은 방법은 냄비를 세워서 수납하는 것. 이전에는 포개진 상태에서 꺼냈지만 세워놓으면 한번에 꺼낼 수 있답니다. 뚜껑도 서류케이스에 넣어서 수납했더니 '되돌려 놓을 장소'가 있어 마음 편하게 요리를 할 수 있게 되었습니다. 오일류도 서랍에 넣어둠으로써 기름때 걱정이 없어졌습니다. 게다가 케이스에 넣어두면 더러워져도 케이스를 통째로 씻기만 하면 되므로 청소가 쉬워졌어요.

POINT

❶ 냄비는 포개지 말고 세워서 수납하여 꺼내기 쉽게
❷ 뚜껑은 '서류케이스'로 칸막이
❸ 오일류도 '서류케이스'로 수납

하라다 히로미 씨

식품 재고는 깔끔하게 정리하여 상부장 수납

식품 재고를 케이스에 넣어서 상부장에서 한꺼번에 관리했더니 쓸데 없는 쇼핑이 줄었습니다. 케이스 안은 너무 세세하게 나누지 말고 툭툭 던져 넣어서 수납하여 넣고 빼기 쉽게. 케이스는 카테고리별로 수납하고 하나하나 정성껏 라벨을 붙입니다. 라벨을 붙이면 어디에 무엇이 들어있는지 가족들도 한 번에 알 수 있습니다.

POINT

1. 케이스에 넣어서 한꺼번에 관리
2. 너무 세분하지 말고 툭툭 던져 넣어 수납
3. 카테고리별로 라벨링

akane 씨의 고객 집

자주 사용하는 그릇은 아래에
가끔 쓰는 그릇은 상자 수납

높아서 손이 닿기 힘든 상부장은 잘 보이지 않아서 결국 사용하지 않는 그릇이나 컵 등이 쌓이게 됩니다. 그래서 하단에만 식기류를 수납. 2번째 단부터는 자주 사용하지 않는 그릇이나 종이냅킨, 건조식품의 재고 등을 상자 수납해보았습니다. 수납 박스는 뚜껑이 없는 것을 고르면 바로 꺼낼 수 있어 편리합니다. 또 큰 접시처럼 자리를 많이 차지하는 식기는 세워서 수납하면 사용하기도 편하고 보기에도 좋습니다.

POINT

❶ 매일 사용하는 식기류는 아래에
❷ 그릇은 세워서 수납하여 꺼내기 쉽도록
❸ 가볍고 부피가 큰 물건을 위에

Living Room
거실

무라카미 나오키 씨의 고객집

물건 배치는 눈높이에 맞춰 간단하게

위에서 아래까지 광범위한 수납 공간은 무엇을 어디에 두어야 할지 갈피를 잡기 어렵습니다. 그래서 시선을 의식해보았습니다. 예를 들면 책은 서 있을 때 딱 눈높이에 있으면 고르기 쉬워집니다. 구급상 자나 건전지 등의 비품은 시선보다 아래에 두면 위에서 잘 보여 재고 관리가 편해집니다. 종이 수납 케이스는 내구성이 떨어지기 때문에 수납 박스는 튼튼한 플라스틱으로, 넣고 꺼낼 때는 뚜껑이 없는 것이 편리합니다.

POINT
❶ 시선 체크를 한 후에 물건을 놓을 위치를 정한다
❷ 종이케이스는 X. 튼튼한 플라스틱 케이스를 선택한다
❸ 보이지 않는 부분은 뚜껑이 없는 박스에

Kid's Space
아이방

하라디 히로미 씨

아이가 놀기 편하고 정리가 쉬운 장난감 상자

장난감 전부를 아이 방 선반에 놓지 않고 그다지 사용하지 않는 2군은 붙박이장에 수납했습니다. 그렇게 하니 줄이기 힘든 장난감이지만 부피가 늘어나는 일이 사라졌습니다. 붙박이장 안은 몇 개의 상자로 관리합니다. 자잘한 장난감은 모아서 수납하면 아이가 혼자 꺼내기 쉽고 정리도 잘 할 수 있습니다. 또 깊이가 있는 넓은 붙박이장은 데드 스페이스가 생기기 쉬운데 그 자리에 아이의 만들기 작품을 보관합니다.

POINT
1. 자주 쓰지 않는 장난감은 붙박이장에 수납
2. 상자 수납으로 넣고 빼기 편하게
3. 2열 수납으로 데드 스페이스가 없도록

Closet
옷장

무라카미 나오키 씨의 고객집

외출 준비는 옷장 안에서 전부 완료

자주 입는 옷은 모아서 배치. 또 출근복과 일상복을 분리해두면 스트레스를 받지 않고 옷을 고를 수 있습니다. 계절물품은 선반 위에 한데 모아 보관합니다. 자꾸 바닥에 던져 놓게 되는 바지는 가능한 위에 놓을 수 있도록 랙 설치. 허리를 굽히지 않고 수납할 수 있어서 옷을 벗은 상태 그대로 두는 일이 줄었습니다. 또 셔츠와 상의를 같은 옷장 안에 둠으로써 아침 외출 준비를 이곳에서 모두 끝낼 수 있게 되었습니다.

POINT

① 자주 입는 옷은 모아 둔다
② 바지는 랙에 수납
③ 의류를 일상복과 출근복으로 분리

nozo 씨

옷걸이에 걸어서 보여주는 수납

옷을 정리하고 한 공간에 가족 전원의 옷을 수납하는데 성공, 가족 모두의 옷이 모여 있어 일단 세탁물을 정리하는 것이 편해졌습니다. 또 옷걸이에 걸어서 보이는 수납을 했기 때문에 비슷한 옷을 또 사는 일이 없어졌습니다. 옷걸이의 종류와 색을 맞추면 더욱 깔끔해 보입니다. 철이 지난 옷을 클리어박스에 수납할 때 속이 보이지 않도록 두꺼운 종이로 앞을 막았더니 더욱 깔끔해졌어요.

POINT

❶ 옷을 정리하여 가족 모두의 옷을 한데 모은다
❷ 옷걸이 종류와 색을 맞춘다
❸ 클리어박스의 앞면에 두꺼운 흰 종이 넣기

인기 미니멀리스트 33인의
수납 아이디어
미니멀라이프 수납법

1판 1쇄 발행 2017년 5월 25일
1판 3쇄 발행 2019년 2월 1일

지은이 주부의 벗 편집부
펴낸이 정원정, 김자영
편집 홍현숙
디자인 나이스에이지
마케팅 소요프로젝트
일러스트 saito kiyomi

펴낸곳 즐거운상상
주소 서울시 종로구 옥인 3길 6-4(상하그린빌 101호)
전화 02-706-9452
팩스 02-706-9458
전자우편 happywitches@naver.com
페이스북 @happydreampub
출판등록 2001년 5월 7일
인쇄 천일문화사

ISBN 979-11-5536-062-0 (13590)
*이 책의 모든 글과 그림, 디자인을 무단으로 복사, 복제, 전재하는 것은 저작권법에 위배됩니다.
*잘못 만들어진 책은 서점에서 교환하여 드립니다.
*책값은 뒤표지에 있습니다.
*전자책으로 출간되었습니다.

SUKKIRI KURASU TAMENO SHUNO NO KOTSU
by Shufunotomo Co., Ltd.
Copyright @ Shufunotomo Co., Ltd. 2016
All rights reserved.
Original Japanese edition published by Shufunotomo Co., Ltd.
Korean translation rights @ 2017 by Happy Dream Publishing co.
Korean translation rights arranged with Shufunotomo Co., Ltd. Tokyo
through Botong Agency, Seoul, Korea

이 책의 한국어판 저작권은 Botong Agency를 통한 저작권자와의 독점 계약으로 즐거운상상이 소유합니다.
신 저작권법에 의하여 한국 내에서 보호를 받는 저작물이므로 무단전재와 무단복제를 금합니다.